JN029576

声をあげて

装幀＝沼本明希子（direction Q）
カバー撮影＝上澤友香

目次

これは、幾度となく打ちのめされ、
自らにも負けそうになってしまったところから立ちあがる
五ノ井里奈の記録である。

プロローグ

浜からしめった潮の香りが流れてくる。そんな秋のことだった。2019年、大学を中退したばかりのわたしは、実家の宮城県東松島市でひとり暮らしをしている母のもとに帰郷し、こう告げた。

「自衛隊に入るわ」

「どうしたの急に!」

母は目を丸くして喜んだ。東松島には航空自衛隊の基地があるから、自衛隊の存在は身近だった。さっそく、母は知人の自衛隊広報官に連絡した。熱心な広報官は、自衛隊の種類や入隊方法を丁寧に教えてくれた。

わたしは、陸上自衛隊の「自衛官候補生」を志願することにした。任期付きの陸上自衛官は、1任期1年9か月(一部技術系は2年9か月)を満了したら、自衛隊をもう

2年続けるか、進学や民間企業への就職を選ぶことができる。任期を満了するごとに特例退職手当（満期金）というまとまった金額がもらえるから、進学費用を貯めるために入る人もいる。一方、任期がない自衛官を「一般曹候補生」といい、昇任するのが任期付きの自衛官候補生よりも早い。

　わたしは、自衛官候補生の方が受かりやすそうだ、という単純な理由から任期付きを選んだ。あと、満期を迎えたら、続けるかどうか考えられることも大きい。体力が資本の仕事を現役で長く続けていくことができるかも見極めたかった。

　まず、自衛官候補生になるためには、筆記試験と口述試験、適性検査、身体検査の試験を突破しなければならない。身体能力には自信があった。問題は筆記試験だ。国語と数学、地理歴史及び公民、作文がある。本屋に行って「自衛官候補生」の教本を買って眺めてみた。

　むずかしいな……。学校の勉強はほとんどできなかった。中学の時に国語のテストで55点をとったのが最高得点だ。五ノ井の五がふたつ並んだぞろ目だった。他の科目はもっと悪かった。子どものころから、オリンピック選手を夢見て柔道に打ち込んできた。学業が芳(かんば)しくない分を、いつも柔道の成績に助けられてきた。

勉強の仕方がわからなくて、とりあえず暗記しようとした。眠気に誘われ、頭に入ってこなかったから、科目はあきらめて、作文にかけることにした。作文には「災害支援をしたい」とか「体育学校に行ってオリンピックに出たい」という思いのたけを詰め込んで書いた。科目の解答は、「どれにしようかな」といった感覚で選んで、マークシートを塗りつぶした。

もうこればかりは運だからしかたがない。そう期待せずに運まかせにしていたら、結果は合格。諦めかけていたから、うれしかった。合格祝いに、母が、大好物の焼肉を食べに全国チェーン店の食べ放題へ連れて行ってくれた。食べ盛りだったから、ひとりで肉を5人前、ご飯はお茶碗（ちゃわん）5杯をたいらげ、食べ放題料金のもとをとった。

2020年3月29日付で、わたしは陸上自衛隊の自衛官候補生として、第119教育大隊に入隊した。はじめの半年は教育期間となり、前期教育（自衛官候補生教育として3か月）と後期教育（特技教育として約8～13週）がある。前期教育では男女別に分かれる。わたしは、宮城県にある多賀城（たがじょう）駐屯地で前期教育を受けた。

女性は耳が出るようにショートカットに散髪していく。わたしは、もともとサイドを刈り上げたツーブロックヘアだったので、そのままにしていたが、ツーブロックは禁止だったと後で聞いた。荷物は、大きなリュックサックひとつと斜め掛けのカバンひとつにTシャツとジャージー、運動靴などを詰めて持っていった。パソコンやタブレットなどの電子機器は持ち込み禁止だが、スマホは持っていくことができ、勤務時間外に使用することが許されている。

3月30日、多賀城駐屯地に着隊すると、班に振り分けられた。そこで班長1人、班付（世話役の先輩自衛官）1人、新隊員10人の組み合わせが発表された。わたしの班では、入隊予定だった子がひとり警察学校に行ったらしく、9人になった。班長は、歩けば、すれ違う男性隊員が必ずといっていいほど振り返るような女性。青森県出身だから、言葉がなまっていて、自分のことを「わぁ」と呼んでいた。班付は、元水泳選手。まつ毛パーマをしているみたいにまつ毛がくるりとカールした可愛らしい目元に、相撲取りのような貫禄があった。

新隊員は2部屋に分かれた。わたしは5人部屋だった。新隊員の同期はとっても個性的だった。1人目はプチ。プチはとにかく身長が低かった。自衛隊の身長制限は、男子が150cm以上、女子が140cm以上なのだが、プチの身長は見た感じなんとか

140㎝はあるだろう、というくらい小柄な子だ。いつも荷物を重そうに持っていた。2人目のはるちゃんも背は小さかったが、少林寺拳法をずっとやっている子だった。3人目のギャルは、「THE 女子」で、いつもきゃぴきゃぴしていて、思っていることをずばずばとはっきり言う。わたしとギャルはいつも恋愛トークをして、盛り上がった。4人目はアラサーで最年長の〃社長〃だ。2018年に自衛隊の採用年齢が27歳未満から33歳未満に引き上げられていたから、同期に10歳離れた人がいるのも珍しくない。社長は考え方も行動も20代とギャップがあって、冗談が通じないくらい真面目なタイプだ。

そして、次は隣の部屋にいる同期たち。5人目のモリモリは、面倒なことが嫌いで、人と揉めることを避ける平和主義者だ。すごく食欲旺盛だった。6人目のナリは元バレーボール選手。班長と同じく、自分のことを「わぁ」と呼ぶ青森県出身だ。ナリは、前髪を眉毛(まゆげ)の上でぱっつんにした「オン眉」ヘアで、NHKのテレビ番組のキャラクター、チコちゃんそっくりだ。7人目はトミー。ポワポワした性格で恋愛トークが大好き。よく好きな人の話をしていた。8人目はサンペイ。サンペイは、話し方も行動もマイペース。知らぬ間に耳にピアスを開けて、透明ピアスを付けてごまかそうとしていたらしい。すぐに班長に見つかって怒られていた。

そして、9人目が、ツーブロックヘアで、柔道一筋のわたしだ。お笑いが大好きで、人を笑顔にするためによく芸を披露していた。元気すぎて声がでかいから、同じ部屋のメンバーからはうるさいと思われていたかもしれない。

このメンバーで3か月間をともに過ごした。班長は、4月5日の入隊式でこう言った。

「一心一徳。みんなで心をひとつに、切磋琢磨して頑張ろう！」

翌朝6時、「パッパラパーン　パパパパーン」という起床ラッパが駐屯地に鳴り響いた。土日も鳴るので、せっかくの休日なのにと起床ラッパのせいで憂鬱になることもあった。ラッパは、正午の「食事ラッパ」と夜11時の「消灯ラッパ」もあって、それぞれメロディーが違う。録音したものを流す駐屯地もあれば、生演奏する駐屯地もあり、上手な演奏者もいれば、下手くそな人もいた。

はじめのころは眠れなかった。自衛隊に入る前は、母が、柔道を頑張るようにと奮発して買ってくれたアスリート用のマットレスを敷いて寝ていたから、自衛隊のベッドは硬くて、寝心地が悪かった。

朝起きてすぐに、ベッドメーキングをする。ホテル並みにきっちり整える。黄土色の毛布を洋菓子のバームクーヘンのように均一な層を作って折り重ねてたたむ。やり方を間違えたり、ちょっとでも形が乱れていたりすると班長から厳しい声が飛んでくる。

部屋の整理整頓ができていないと、班長は「台風」を巻き起こす。同室者のひとりでも不十分だと、嵐のように、班長がわざと部屋をまるごと荒らしていくのだ。性格のねじ曲がった班長から「台風」をくらうと、せっかく畳んだ毛布や迷彩服を床に放り投げられたり、柔軟剤を床にぶちまけられたりするのだ。

わたしたちの班長は、「は？　自衛隊なめんな！」という文字を、部屋の壁にガムテープで作って貼り付けていった。あまりに大きく、唐突なガムテープの創作だったので、同期と笑いあった。愛情のある班長だった。

土日は休みで駐屯地の外に「外出」できた。でも、許可を得るのも連帯責任で簡単ではない。外出の申請書1枚に班の隊員の名前が並び、そこにひとりずつ印鑑を押す。印鑑が少しでも欠けたり、ズレていたりしたら、却下される。つまり、ひとりでもミスしたら、全員が外に出られないのだ。われらの班長は、優しかったから申請書の予備を何枚も用意してくれた。他の班は2枚までしかもらえず、失敗していた班もあった。晴れて外出できた日には、班長も一緒にみんなで多賀城のショッピングモールに行って集合写真を撮った。結局、自衛隊は、外でも集団行動が好きなのだ。

優しい班長だったが、厳しくもあった。部屋の整理整頓ができていないことで、班長は罰として腕立て伏せの腕を伸ばした姿勢をとるようにと、班員全員に指示した。最年長の社長も腕立て伏せの姿勢をとったが、数十分後、途中で体力的にきつかったのか、「限界です！」と叫んだ。社長だけスクワットの膝を曲げた状態で腕を伸ばす姿勢へ変更になった。その姿勢が、へっぴり腰のようにヘンテコだったので、わたしは噴き出して笑ってしまった。

「なに笑ってんだよ！」班長に怒鳴られた。

結局、2時間ほど腕立て伏せの姿勢を取らされたことで、両腕の付け根が鬱血した。翌日、同期のみんなは熱を出して寝込んだ。

教育のなかで、はじめて銃を手にした。わたしは、銃の分結（分解・結合）が苦手だった。銃を解体して、またもとに戻す一連の流れを素早くしなければならないのに、焦って部品を床に落としてしまって、教官からものすごく怒られた。いつも人より遅くて、15分かかった時もあったが、同期や班長に何度も教えてもらい、4分まで縮められるようになった。

班長は、「自分の銃に愛着を持つために、あだ名をつけろ」と言った。

「福太郎」——わたしの銃のあだ名だ。

いざ、銃の「福太郎」を構えると、身に着けている装具の方が重くて、撃つ姿勢をキープしながら的に照準を合わせるのがむずかしかった。柔道をしていたおかげで、撃った時の衝撃は受け止められるけれど、衝撃のせいでどうしても照準がずれてしまい、またすぐに的に合わせるのには訓練が必要だった。

射撃が終わると、毎回、銃口整備をする。隊舎に戻ったら、「福太郎」を解体して、銃身内のすすをふき取り、さびないように油を塗る。班長に点検してもらうと、班長はすすが付きやすい部分を綿棒でこすり、汚れを発見して「やり直せ」という。この繰り返しで、なかなか一発で銃口整備はクリアできない。射撃訓練で一番大変だったのは、この銃口整備だったと思う。

銃もはじめての経験だったが、ガス体験訓練も衝撃的な痛さだった。まずは、防護マスクを顔に装着して、同期9人と班長と班付の11人で肩を組み、下を向いて歩きながら催涙ガスが充満している天幕というテントに入るのだ。

天幕の中は白い煙のせいで視界が悪かったけれど、防護マスクのおかげで何ともなかった。数分後、班長が号令をかけた。

「マスクを外せー！」

みんな防護マスクを外した。すると、途端に目を開けられなくなった。焼けて消えてしまうんじゃないかと思うくらい煙が目にしみた。涙と鼻水がダラダラ出てきて、喉の奥に焼けるような痛みが走った。呼吸が苦しくなって、息もあまりできない。

この地獄のなか、大きな声で歌を歌わなければ外に出られないのだ。わたしたちの区隊では、サンボマスターの『できっこないを　やらなくちゃ』を天幕に入る前からたくさん合唱練習して、この訓練に備えてきたのだ。

「せーの！」

「あきらめないで　どんな時も……ゲホゲホッ」

「いたぁーい！」

「ムリー！」

みんな鼻水を垂らしながらうめき声をあげていた。班長が叫んだ。

「声量が足りない！　やり直し！」

　2曲目は『それいけ！アンパンマン』のオープニング主題歌である『アンパンマンのマーチ』を合唱した。

「そうだ　うれしいんだ　生きるよろこび〜」

「まだまだまだー！」班長は鬼だった。

　3曲目には童謡の『かえるの合唱』をみんなで「くわっくわっくわっ」と声を振り絞りながら必死に歌った。

「よし！　出ろ！」

　班長の号令で天幕を出て、無事にみんな生還。10分くらいは天幕のなかにいたと思う。外に出ても、顔に焼けるような刺激が残っていた。目をこすりたかったけど、こすったら目に入るから、みんな顔をくしゃくしゃに歪(ゆが)めてブルドッグみたいな表情になってしまう。そのブルドッグ顔のまま記念撮影をしてから、あらかじめ用意していた洗面器にためた水で顔をすすいだ。

　きつい訓練を同期と一緒に乗り越えたことで仲間との絆(きずな)が深まった。催涙ガスは健康に影響を及ぼすわけではないが、とてつもなく人を苦しめるし、その中で歌を全力で歌うなんてこと、人生でもう二度と経験しないだろうから、貴重な体験だった。なにより防護マスクは、最強の装備だということを実感した。

新隊員は、入隊して約1か月後に「10キロ行進」という10キロの装備を身に着けて、10キロを歩く訓練がある。約2か月後には「25キロ行進」として、10キロの装備で25キロを歩く。前期教育の総括でもある「25キロ行進」をする前日、身体の小さいプチが何か些細なことが原因でみんなと口を利かなくなって喧嘩に発展した。

消灯時間の夜11時を過ぎてから、プチが「もう帰る」「明日の25キロ行進もやらない」と言い出した。呆れたギャルが「もういいから荷物まとめて帰れよ！」と怒鳴った。プチは「帰るもん」と言い、「もうあんたたちと一緒には頑張れない」と投げやりになっていた。ここまでみんなで厳しい訓練を乗り越えてきたのに、諦めようとするプチにいら立って、わたしもつかみ合いの喧嘩に加わってしまった。

「あんたたち、何やってんのよ！」班長が部屋に来て、みんなで怒られた。

翌朝、「25キロ行進」を迎えた。結局、互いに謝って、みんなで一緒に歩いた。当時は新型コロナウイルスの影響で、駐屯地外に出て行進することができなかった。外だったら景色が変わって、目的地に到達する喜びを味わうことができたのかもしれない。ひたすら駐屯地内をぐるぐると回り、無の境地で行進したのだった。

こうして全員無事に前期の基本教練試験に合格した。他の班は、途中で脱落者が出て、人数が欠けていったが、わたしたちの班はひとりも辞めることなく、前期教育を乗り越えることができた。みんな育った環境も価値観も違うから、団結するのがむずかしかった。はじめのころは、教育訓練の時間が長く感じられ、早く終わってほしいと思っていた。でも、いざ3か月が経つと、同期とお別れするのが淋しくなった。気が付けば、同期とは正面からぶつかることもあるけれど、共に笑いあい、汗と涙を流してぬぐいあう家族のような存在になっていた。

班長は、教育訓練の終わりに、わたしの日誌にこう書いてくれた。

「もしも、ひとりで乗り越えられない壁にぶち当たってしまった時、そんな時こそ、ここで培(つちか)った絆を十分に発揮すること。たくさん頼ってほしい。決してひとりだと思うなよ。離れ離れになっても、ずっとずっとみんなで支えあって乗り越えていこう」

その後も班長とは連絡を取り続けた。そして、約1年後、わたしが本当に「乗り越えられない壁にぶち当たった」時に、味方でいてくれた。

このころ、わたしは、自衛官として立派になりたいという、使命感と希望に満ちていた。自衛隊体育学校に行って柔道をする夢もあったから、「絶対に強くなるので試合を見に来てください」という約束を班長と交わした。同期も応援してくれていた。

その後、わたしの人生を１８０度変えてしまう事件が起きた。まるで突然事故にでも遭ったかのような絶望にぶち当たることになってしまった。

1／強く生きる

最後のお別れ

時計の針を戻したい。わたしと自衛隊の縁を語るには生い立ちは欠かせない。

わたしは、1999年9月29日の夜9時ごろ、宮城県河南町（現・石巻市）にある病院で生まれた。母によると、36週目に胎動がなくなって、病院に行ったら予定日より約1か月も早く、緊急の帝王切開をして産むことになった。手術室に向かうストレッチャーにのった瞬間に陣痛がきて、なんとか自然分娩でわたしは生まれてくることができた。だけど、産声を上げなかった。

医師と看護師が慌てていた。その様子に、母は、不安になって「どうしたんですか?」と聞いたけれど、すぐには答えてもらえなかったらしい。母は、ふたりの兄を産んできたから、普通なら赤ちゃんの体をお湯で綺麗に洗ってもらい、すぐに抱っこさせてもらえると思っていた。わたしは酸素マスクを付けられ、ほとんど動かなかった。

「一刻を争う事態です。赤ちゃんとはしばらく会えなくなります」と医師が告げた。産まれたばかりのわたしは、救急車で仙台市にある赤十字病院に運ばれることになった。救急車に乗せられる時、看護師は「最後のお別れをしてください」と言った。

「え、最後のお別れ……」

母は、「救急車に一緒に乗って行きたい」とお願いしたが、出産直後の身では付き添いを許してもらえず、ひたすら手を合わせて祈ることしかできなかった。

わたしは、仙台赤十字病院のICU(集中治療室)に入って一命をとりとめた。父は、実家のある東松島から仙台まで1日おきに冷凍した母乳を運んだ。20日後に退院。でも、数か月後、添い寝をしている時に、父はわたしの体の左側が冷たくなっている異変に気が付いた。仙台の大学病院を受診したら、血管が細かったらしく、また3か月ほど入院した。退院してからもしばらくは月に一度通院していたと聞いている。母いわく、生まれた時のわたしの前髪には、キューピーちゃんのように金髪のメッシュが入っていたらしい。名前は、ふるさとの「里」と、母の好きな奈良の「奈」をとり、「里奈」になった。ふるさとを愛してほしいという意が込められた。

その後、わたしは健やかに育ったが、今度は母を病魔が襲った。わたしが4歳で幼稚園に通っていたころのことだった。母は子どもたちに真剣なまなざしでこう言った。

「がんでいつ死ぬかもわからない。おっかあが、いなくなっても強く生きていきなさい」

子宮と腎臓にがんが見つかっていた。

もともと母は長男を産んだあと、ふたり目を妊娠した時、3か月目で出血して病院に行ったら、子宮内で胞状奇胎（ほうじょうきたい）が発生する異常が起きていたことがわかった。すぐに治療しなければがん細胞が増殖する確率が高くなると診断され、妊娠中に抗がん剤治療を受けなければならなかった。治療と同時にふたり目を流産した。その後、下の兄とわたしを無事に出産したが、しばらくしてから、左副腎にがんの転移が見つかり、摘出した。病院に長く入院することがあり、再発の可能性をいつも心にとめておかなければならなかった。

こうした出来事もあって、母は武術を通じて「強く生きる」術(すべ)を子どもたちに身に付けさせようとした。母は剣道、空手、そして柔道の教室に子どもたちの手を引いて見学に行った。兄たちが、柔道がいいと、先に習いだした。それを見ていたら、わたしもやりたくなって柔道をすることに決めた。母は、女の子だからピアノでもいいと言っていたが、わたしは強く生きなきゃいけないから柔道にすると、曲げなかった。

あの日のこと

五ノ井家は、宮城県東松島市大曲(おおまがり)というところに一軒家を建てて住んでいた。東松島と松島はよく間違われる。松島は観光地で、海鮮丼がおいしいところ。東松島市は平地の田舎(いなか)で、あるのは浜と田んぼくらい。あと、航空自衛隊の松島基地がある。基地はわたしにとって身近な存在だった。小さいころに基地を開放して催していたイベントに父と一緒に行って、ヘリコプターに乗せてもらったこともある。

家から歩いて5分ほどの東松島市立大曲小学校に通っていた当時、授業中に教科書を読むふりをしながら、窓の外を眺めた。よくブルーインパルスが校庭の上空で飛行機雲を出しながら、ブォーと音を轟かせて訓練をしていた。ブルーインパルス5機が並走してハート型の飛行機雲を描いていた時に、「見て！」と声を押し殺しながら窓の外を指さして、みんなに知らせた。いろいろな飛行機雲を描いてくれた。

小学校低学年の時にオスの茶色いトイプードル1頭を我が家に迎えた。「チャチャ」と名付けた。しばらくして、綿のように白い毛がフワフワした丸っこい犬種のビション・フリーゼがペットショップの外のケージで売り出されているのを見つけた。子犬の時期を過ぎたために、安売りセールの値札が付けられていた。どうしても放っておけなくて、我が家に迎え入れることになった。この子には愛情をたっぷり注ごうと思い、「ラブ」と名付けた。

2頭はいつも、わたしが学校から帰ってくると、玄関に猛ダッシュで駆けてきて、しっぽを振りながら飛びついてきた。

ラブは性格がとてもいいメスで、チャチャとの子犬を2度も産んだ。子犬たちは、みんな里親が無事に見つかってそれぞれ預けられた。本当は、子犬も家で飼いたかったけれど、親からダメだと言われ、すねたことがあった。でも、それが最善の選択だったとわかるのはもう少し後の話だ。

五ノ井家は、家族5人と犬2頭がひとつ屋根の下に暮らす、ありふれた家庭だった。

父は、ごみ処理施設で働く市の職員。いつも朝早起きで、帰ってくると生ごみのにおいを身にまとっていた。仕事への責任感は強かった。動物の死骸(しがい)を処理する仕事が舞い込むと、父はすぐに現場に駆け付けていた。家族で食卓を囲んでいる時でも、電話がかかってくると、父は欠かさず電話をとって、「死骸を取りに行ってくる」と言って、家を出る。帰ってくると、「今日は狸(たぬき)だった」などと教えてくれた。そんな父に「お腹がすいた」とねだれば、黄金のように光る甘い玉子焼きを作ってくれた。

父は、柔道未経験者だったくせに、子どもたちのために自分も柔道を一緒にはじめて、あっという間に黒帯を取った。日ごろから力仕事をしていたから、センスがあったのかもしれない。しかも、家の畳の部屋を柔道場に改築してしまうほど、子どもたちのために本格的に柔道ができる環境を整えた。最初は、地元のスポーツ少年団で柔道をし、途中からは片道1時間かけて仙台にある道場まで自動車で毎回送り迎えをして通わせてくれた。

そして、わたしが小学5年生(11歳)の時にあの日が来た。五ノ井家は巻き込まれ、家族は家ごと壊れた。

２０１１年３月９日、11時45分ごろ、三陸沖を震源地とした最大震度５弱、マグニチュード７・３の大きな地震が起きた。東松島市は震度４だった。隣町の美里町は震度５弱で、体感としては震度４よりも震度５に近いくらい強く揺れていたと思う。学校の教室で授業を受けていた時だったから、避難訓練のとおり、すぐに机の下に身をかがめた。この時はすぐに揺れが静まった。

この日、地震の影響で津波注意報が出たから、家に帰ってから１階の居間に置いていた犬のケージを２階に上げようかという話を家族でした。でも、結局、この日は大きな津波がなかったから、ケージはそのまま１階に置くことになった。

３月10日の午前、授業中に窓の外を見ていると、急に空が黒い雲に覆われたかのように、鳥が集団で移動している光景が目に入った。カラスの大群だった。クラスの子たちも、その異様な光景を呆然と眺めていた。家に帰って、母に報告すると、母も目撃していて、「カラスの移動は地震の前兆だよ」と、よくある迷信のように言った。確かに、昨日は大きな地震があった。しかし、本当にまた来るとは思っていなかった。

３月11日、午後２時46分ごろ、三陸沖を震源とする最大震度７、マグニチュード９・０の大地震が発生した。東松島市は震度６強だった。

3月なのに珍しくその日は雪がしんしんと降っていた。わたしは、いつも通り、大曲小学校に登校していた。午後の体育の授業中だった。体育館でフットサルをしていたら、急にガタガタと揺れだした。

同級生は「きゃー!」と叫んだ。縦と横にごちゃ混ぜに揺れた。そのうちに横にゆさゆさ揺れ出して、立っていられなくなった。2日前にあった地震と違い、この日はとても長く感じられた。

バーン!　体育館の天井に付いていた照明を覆う鉄の笠が床に落ちた。それに当たってしまった子がいた。女性の担任の先生は、体育館の出入口付近で扉が閉まらないように押さえながら、児童に体育館の隅に身を寄せるように指示した。みんな隅に寄って、先生のいる出入口付近まで身をかがめながら集まった。揺れが長くて、泣き出す子に、先生は「大丈夫だからね」と、なだめた。

揺れが収まると、体育館から校庭に移動した。そこで、引き渡し訓練の通り、迎えに来た保護者と一緒に何人かの児童が学校をあとにしていった。

地震発生から約15分後だったと思う。近所のおじさんが走って駆けつけ、「津波がくるから上に逃げろ」と、先生たちに伝えた。校庭に集まっていた児童は、みんな校舎の2階と3階に上がった。近所の人たちが白っぽいごみ袋を合羽代わりにかぶり、走って校舎に避難してきた。

2階の教室の窓から浜の方を眺めていると、10分後くらいに遠くに黒い波が見えた。ゆっくり波はこちらに向かってくる。そう思ったのも束の間だった。すぐに学校まで到達して、校庭にあったサッカーゴールが黒い波にのまれて流されてしまった。1階は天井付近まで浸水した。

どうしよう……。犬が家の1階にいる。助けに行かなきゃ。

学校から家まで片道5分の距離。津波が来る前に全力疾走で家に行って、チャチャとラブにリードを付けて、学校に戻ってくることができたかもしれない。

家の近所から避難してきた人が、わたしを見つけて駆け寄ってきた。

「ごめんね。犬の鳴き声がしたから助けたかったんだけど、玄関が開かなくて助け出せなかった」

不安に押しつぶされそうなわたしを近所の人が抱きしめてくれた。

「それでもきっと逃げ出して助かっている」そう信じていた。

津波は1回だけではなかった。1回目の津波が学校の1階部分を浸水させてからしばらくして、水位が下がった。でも、また津波が来て水位が上昇していた。

学校に残った児童は、お水一口とお菓子ひとかけらを食べて、その日をしのいだ。教室のカーテンを外し、みんなで身を寄せ合い、カーテンのお布団にくるまった。床の上に寝ていたから、体が痛かった。

翌12日、水は引いていた。外は、黒に近い灰色の泥に埋もれた瓦礫（がれき）の世界が広がっていた。校庭には、サッカーゴールの代わりに船が漂着していた。

わたしは、犬の様子が気になって、自分の家に帰ろうとした。心配してくれた同級生のおじいちゃんが一緒についてきてくれることになった。外では雪が舞い、地面はぬかるみ、瓦礫だらけだったから、ケガしないように気を付けながら歩いた。津波にのまれた自動車が何台も泥に埋もれ、ひっくり返ってぺしゃんこになった自動車もあった。倒壊した家屋の木片や物がとにかくたくさん散らばっていた。

自分の家があった場所に到着した。家は少し移動していたうえに傾いていた。1階部分は浸水していた。犬のいる居間を覗くと、チャチャとラブはケージの中にいた。硬く、冷たくなっていた。

亡くなった愛犬を目の前に、どうしたらいいのかわからなくて、しばらく立ちつくした。助けられたかもしれないのに、行動できなかった自分のことを責めた。家には家族が来た様子はなく、みんなが無事かどうかもわからない。そのまま、泣きながら学校に戻った。

学校は断水して、トイレが流れない。みんな汚物の上に汚物を重ねるようにして用を足した。校舎の中は汚物とガソリンのにおいが漂っていて臭かった。児童は、しりとりとかをして気を紛らわしながら、親の迎えを待った。

後に知らされたことがあった。11日の大きな地震があった直後、校庭に避難していたクラスメイトのひとりが、迎えにきたお母さんと一緒に自動車に乗って、帰宅していった。帰る途中で津波にのまれてしまい、帰らぬ人となった。誰からも愛される存在で、勉強がよくできて、教え方が上手な女の子だった。お母さんは生き残ることができ、後日お葬式に参列した。地震だけだったら被害はそこまで大きくなかったはずだった。津波のせいで、たくさんの人の命が奪われてしまった。

母が、わたしを迎えに来たのは5日後だった。当時、母は、隣町の石巻市にある「イオン石巻 ショッピングセンター」でパートをしていた。母は、揺れが収まった直後に自動車を走らせて学校へ向かおうとした。津波が襲来する前に、すでにタイヤは水に浸かっていた。スピードメーターが２００キロを示すまでアクセルを踏み込んで、浸水した自動車を進めた。だが、学校にたどり着く前で、鉢合わせた消防団に「戻れ！」と止められ、引き返した。津波はショッピングセンターの数百メートル手前まで押し寄せたが、幸いにも到達しなかった。母が、もし消防団に声をかけられずに引き返していなかったら、津波に流されていたかもしれない。津波が到達した場所としなかった場所は、ほんの紙一重だった。

母と再会したわたしは、母の運転する自動車で石巻のイオンに向かった。道路の泥は少しずつ道のわきにかき分けられていたが、コンクリートはところどころ割れ、信号機は消えているか、なくなっていて、ゴーストタウンのようになっていた。

当時、「イオン石巻」は臨時の避難場所になっていた。父と兄ふたりともイオンで無事に合流した。五ノ井家は、２階のフードコートでしばらく避難生活を送った。洗面所で久しぶりに頭を洗うことができて、スッキリしたのを覚えている。イオンは、商品のお布団や食べ物を無償で提供し、携帯電話の充電もひとり何分ずつと決め、個々の連絡手段を確保してくれた。営業再開にともない、被災者は3月下旬にそれぞれ別の避難所に移動した。

女性自衛官との約束

五ノ井家は、東松島に戻り、公民館である「東松島市コミュニティセンター」に身を寄せた。ここへ、北海道から来た陸上自衛隊高射特科の中隊が炊き出しや入浴支援に来た。初めて迷彩服を着た女性の自衛官を見た。疲弊した被災者に明るく接して、子どもたちを励まそうとしていた。

3、4人の女性自衛官が、テントを張った中に簡易的なお風呂場を作ってくれた。女性自衛官たちは、お湯をたっぷり注ぎ込んだバケツを両手に持って運び、女風呂にお湯を流し込んだ。わたしが「手伝います」と声をかけたら、女性自衛官は「大丈夫！　ゆっくり入っていてね！」と、まぶしい笑顔を返してくれた。

毎日だったか、1日おきだったかは覚えていないけれど、春先でも寒い東北の被災地でお風呂に浸からせてもらい、身も心も芯から温まった。

子どもたちが自衛官と腕相撲をするイベントがあった。力に自信があったわたしは、いつも声をかけてくれる女性自衛官に対決を挑んだ。完敗だった。でも、女性自衛官は、「とっても強いね」とほめてくれた。

「柔道やっていたから」と答えた。被災して、またいつ日常生活に戻れるか見当もつかないころだった。女性自衛官は「柔道は続けた方がいいよ。頑張ってね」と、励ましてくれた。わたしは「いずれ勝ちます」と、はにかみながら再試合の約束をした。

余震や二次災害などの危険があるなか、いち早く被災地に駆けつけ、困っている人たちのために率先して動く背中。被災者に不安や疲労を感じさせないよう、常に笑顔で丁寧に接してくれるやさしさ。すごくかっこよかった。わたしも、いつかこの女性自衛官のように、人のために動けるようになりたいと思った。

女性自衛官とはその後も連絡を取り合い、3・11の節目のたびに「あの時は助けてくださってありがとうございました」と感謝を伝えている。この時に築いた絆は、途切れることはなかった。

男性自衛官もいい人たちだった。ある男性自衛官から「喉は渇いてないか」と声をかけられた。そして、青い缶のエナジードリンクを箱ごとくれた。もらった時は何の飲み物かよくわからなかったが、いま振り返れば1缶数百円もする高級品だった。きっと、栄養をつけて頑張れとエールを送ってくれていたのだろう。

公民館で避難生活をしている時、友達と一緒に自分たちがもともと住んでいた場所まで探検しに行くことになった。3キロほど歩いたところで、柴犬に似た雑種犬を見つけた。骨が浮き出るほどやせ細っていた。首輪をしておらず野良犬のようだったけれど、飼い犬のように人懐っこかった。飼い主と離れ離れになって、迷子になったのかもしれない。新聞紙をごみに出す時に束ねるビニール紐が道端に転がっていた。それをリード代わりにして、犬を公民館に連れ帰った。

動物の保護団体に電話したいと、避難所にいる大人に相談したら、公民館の近くに住む人が飼っていた犬によく似ているという話になった。近所の人に確認してもらったら、本当にその人が飼い主だった。子どもの自分にも人から感謝されることができて、うれしかった。自分の家で飼っていたチャチャとラブは津波のせいで天国に行ってしまったけれど、2頭の間に生まれた子犬は震災前に里親を見つけて引き取られ、震災後もみんなそれぞれの家庭で無事に育っていた。1頭でも里親が見つからずに家でそのまま飼っていたら、その子犬は亡くなっていた。ひとつの判断が、思いがけないところで運命を左右していた。

約3か月間の公民館生活を経て、五ノ井家は東松島市立矢本第二中学校の近くにある2階建てアパートに移った。一家の再出発が始まる。そう思っていた矢先だった。震災後の生活不安から、両親がよく喧嘩するようになった。両親の関係は、互いにビンタするような修羅場に発展するほど険悪だ。父がアパートを出ていき、仮設住宅に住むようになった。

両親はわたしが小学校6年生の時に離婚する。ふたりの兄とわたしは、どっちの親についていくか決めなければならなかった。わたしは、心の中では父と一緒にいたかった。けれど、兄たちは、母についていくと決めていた。内気な性格だったわたしは、この時に自分の意思を伝えられなくて、兄たちと同じく母と住むことにした。本当は離婚してほしくはない。どっちも大切だから。

母は喧嘩するたびに、出て行った父への不満をわたしにぶつけるようになった。

「あんたは、おっとうそっくりだ!」「おっとうのところへ行け!」

耳が腐るほど、母から言われた。いまとなっては笑い話だが、お風呂掃除をサボったことから喧嘩が勃発して、母がわたしのパンツを外に放り投げたことがあった。壁の薄いアパートで、他の居住者がいるのに、年ごろの娘のパンツを晒すだなんて、最悪だと思いながら、自分で拾った。

アパートを家出して、父が住んでいるプレハブの仮設住宅に逃げ込み、そこから小学校に通う日もあった。しばらくして、母のいるアパートに戻ったが、またすぐ喧嘩して家出した。

以前住んでいた大曲の一軒家は、1階部分が浸水し、のちに改築して、祖母が住んだ。祖母は、震災に遭うまで浜の近くに住んでいた。津波がくるという知らせを聞いて、身ひとつで逃げて助かったけど、祖母の家は跡形もなく流された。チャチャとラブが亡くなったあと、父は、庭にある桜の木の下に2頭を埋めた。1年後の春、その桜は満開になった。震災時にはすべてが泥に埋もれて灰色の世界になっていたのに、ちゃんと桜の木は生きていた。

中学に上がってから、矢本の市営住宅に引っ越した。家計の足しにするために新聞配達をはじめた。だけど、震災前にあった家族や犬などの思い出の記録はほとんど津波に流されてしまったから、どうしても過去を取り戻したくなって、貯めたバイト代で犬をかった。ショッピングモール内にあったペットショップに値引きされた犬がいて、顎（あご）がちょっぴりしゃくれていた。モナカと名付けた。チャチャとラブの面影があるトイプードルのオスだ。

ある日、母と大喧嘩する。わたしは、部屋にある自分の荷物をまとめ、モナカにリードを付けて、祖母が住む大曲の一軒家まで自転車で全力疾走した。この時、父も仮設住宅からこの家に移り住んでいた。だけど、父はしょっちゅう外出していて、家にほとんど帰ってこない。思春期だったわたしは寂しさと怒りで許しがたく思い、ふてくされて学校に行かずに居間のコタツで寝ていたら、それを祖母が父に伝えた。

そうしたら、いつも家を空けていた父が、急に帰ってきた。普段は温厚な性格なのに、コタツをバーンっと蹴り上げて、「いい加減にしろ!」と怒鳴ってきた。

「うざっ!! おっとうのせいなんだから!」と言い返した。反抗期だった。

父が、家を出ていかなければ家族は一緒にいられたはずだった。せっかく、震災で家族が無事だったのに、バラバラになってしまった。「いい加減にしろ」は、こっちのセリフだ。母が迎えにきたが、その後家出した時は、父の家に行かず友達の家を転々とした。

それでも、中学時代は、新聞配達がある日は朝5時半に起きて、新聞配達がない日はランニングをして柔道の練習に打ち込んだ。母はあいかわらずで、練習を見に来ても文句しか言わなかったけれど、女手ひとつで育ててくれる母へ恩返しするように、愛媛県や三重県で開催されていた全国大会に母を連れて行った。全国大会ではベスト16という結果を残すことができた。そのおかげで、柔道部のある県内の高校にスカウトされ推薦で入ることができた。

市営住宅のある矢本から高校までは、電車とバスを乗り継いで片道1時間半かかった。初めは高校の近くで寮生活をしていた。母が救急車で運ばれたという連絡を受けてからは、なるべくそばにいるために市営住宅から通った。

柔道部に入部して早々、宮城県高校柔道新人大会で優勝した。しかし、2年生になってから、同級生との人間関係に悩むようになった。柔道のために入った高校だったけれど、精神的な弱さから、途中で登校できなくなってしまった。そんな自分が嫌になった。怒りの矛先をどこに向ければいいのかわからなくなって、これまで獲得したメダルや盾、トロフィーを全部放り投げた。いま思えば、やめるほどのことではなかったのかもしれない。当時のわたしは、とても弱かった。

しばらく家に引きこもり、退学の手続きをした。柔道さえも嫌になっていた。

退学後、宮城県内の通信制高校に入った。その近くにボクシングジムがあり、興味本位でグローブをはめてみた。サンドバッグに思いっきりパンチして汗を流していたら、無性に柔道がやりたくなってきた。

やっぱり、柔道が好きなんだ。

しみじみそう思った。

再スタート

もう一度、本気で柔道をやりたい。柔道を通して、心身ともに鍛え直して、弱い自分を変えたかった。

2017年9月末、柔道部のある兵庫県の定時制高校に編入し、高校2年生から再スタートすることにした。当時、30人ほどいた柔道部員は男子ばかりで、女子はマネージャーにひとり。女子部員はわたしひとりだけだった。

兵庫に来てからすぐ、左足に異変を感じた。小指と薬指が、他の3本に比べて曲げ伸ばしがうまくできない。いろいろな検査をした結果、原因不明の末梢神経障害とされ、ステロイドの治療を試すことになった。しかし、体に合わず、点滴治療に切り替えて1週間入院した。

ちょうどこのころ、県大会を控えていた。兵庫に来て、はじめての大会だった。退院したばかりだったので、出場するかしないか迷った。宮城では優勝したというプライドがあったから、出場することに決めた。結果は、無名の選手に寝技で押さえ込まれて、1回戦敗退。その次に出場した兵庫県高校柔道新人大会では決勝まで勝ち進むことができたが、決勝戦で夙川学院高校（現・夙川中学校・高校）の選手に敗れ、準優勝。兵庫のレベルの高さを思い知った。当時の夙川には、のちに東京オリンピックで金メダルを獲った阿部詩ちゃんが在籍しているなど盤石だった。

強豪夙川の足元にも及ばない自分の実力に失望した。このままでは終われない。

この日を境に、心を切り替えて練習に打ち込んだ。

12月、全国高校選手権大会兵庫県予選に出場した。そこでは、前回、決勝戦で敗れた夙川の選手と再び当たった。今度は背負い投げで勝ち、強豪夙川の女子全階級制覇を抑えて、わたしは63キロ級で優勝することができた。

この優勝は、定時制の生徒としては、史上初の快挙として地元の新聞にも取り上げられた。たくさんの人に喜んでもらい、これまでお世話になった人たちに、少し恩返しができたような気がした。

こうして2018年3月20日、第40回全国高等学校柔道選手権大会に出場し、憧れの日本武道館に立った。

「わたしには大きな夢があります」

「絶対、日本一になってやる」という気持ちで全国大会に挑んだ。しかし、2回戦で神奈川県代表の桐蔭学園の選手と激しく闘い、延長戦のすえ、負けてしまった。悔しかった。高校3年の夏のインターハイでリベンジするべく、これまで以上に必死に練習に打ち込んだ。

その矢先、練習中に左膝の靭帯を断裂する大ケガを負ってしまった。なんで、いつもこうなんだろう。自分が情けなくて、苛立ち、涙が止まらなかった。通院のために、教員や保護者たちが、病院まで何度も送迎してくれたり、時にはご飯を食べさせてくれたりと、たくさんお世話になった。

日本一になって、柔道で恩返しすることは叶わなかったけれど、ケガをして学んだことがあった。それは、感謝の心。これまで、被災したり、親が離婚したり、学校生活がうまくいかなかったりしたことで、「どうして不幸ばかり降りかかるのだろうか」と、鬱積した不満や怒りが心の中で渦巻いていた。だけど、自分の夢を叶えるために支えてくれる人たちがいる。それに気が付くことができたから、このケガも無駄ではなかったと思えた。何か壁にぶち当たった時、そこからしか学べないことがあると、思うことができた。

教員から「人徳の行い」という言葉を教わった。「世のため、人のためによい行いをして徳を積むように」と言われた。自ら率先して人のためになる行動を続けていれば、不思議と運を引き寄せられるというのだ。

わたしにも、世のため人のためできることがあるだろうか。そう考えていた時に、学校側から、スピーチコンテストに出ないか、と勧められた。定時制・通信制の生徒が自身の経験を語る「生活体験発表会」だという。正直言うと出たくなかった。でも、そんなわたしの気持ちにお構いなく、出場の手続きは済まされていた。

恥ずかしくて、いまでは黒歴史として封印したいスピーチだけど、頑張って声を張って、こうスピーチした。

いま、わたしには大きな夢があります。津波で何もかも流されて、大切なものをたくさん失ったあの時、ただただ悲しみに暮れていたわたしに、優しく声をかけて励ましてくださり、額に汗して私たちのために必死に働いてくださった自衛官の方々の、あの大きなたくましい背中は、いまでもはっきりとまぶたに焼き付いています。わたしは、あの方々のように、誰からも信頼され、感謝されるような立派な自衛官になりたいです。この夢を実現させることこそ、わたしを導いてくださった先生や、支えてくださったたくさんの方々への本当の意味での恩返しになると信じています。出会いこそ宝。一期一会をモットーに、わたしは残りの高校生活に感謝の気持ちを忘れずに、何事にも全力で取り組んでいきます。

このスピーチの映像を、東日本大震災の時に入浴支援に来ていた女性自衛官に送った。メッセージでのやり取りが多かったが、はじめて電話をして、震災以来7年ぶりに声を聞いた。

当時、山口県にある東亜大学の柔道部からスカウトされていた。だから、すぐに入隊するのではなく、いずれは入隊したいと思っていることを、女性自衛官に伝えた。

実は、大学からのスカウトを受けるかどうかは、まだ迷っていた。この時期、脚にしびれを感じて走れなくなっていたから。原因がわからなくて、病院に行って脳の精密検査をしたら、血栓のような影がふたつ見つかった。脳梗塞（のうこうそく）の疑いがあると診断された。医師は険しい顔で言った。

「死にたくないでしょ。血栓が飛んだら、あなた死んじゃうよ。運転も柔道もしないでください」

柔道禁止の宣告には落ち込んだ。命にかかわるのなら、仕方がないと思い、高校の先生と相談して別の進路を考えた。

フルーツタルトが好きだから、パティシエがいいなと思って、ケーキ屋さんへ職業体験に行ってみた。けれど、やっぱり柔道を捨てきれなかった。セカンドオピニオンを求めて別の病院を回って再検査した。そうしたら別のふたりの医師からは、「大丈夫です」と言われた。

どうやら昔できた血栓の影らしく、最近できたものではないから問題ないようだ。思い起こせば、中学生の時に出稽古に行った先で体格の大きい人によく投げられたことがあった。その時に頭を打って、フラフラになった記憶があるけれど、それが原因だったのだろうか。

２０１９年4月、東亜大学に入学し、柔道部に所属した。しかし、入って間もなくして、わたしをスカウトしてくれた柔道部の監督が辞めてしまった。その監督がいなくなった後の柔道部は、気楽なサークル活動のように緩くなった。このまま続けていても意味がないと思い、半年で退学した。

柔道を続けるなら、自衛隊に入隊して、国民のために働きながら、アスリートとしてもトップクラスの練習を積める自衛隊体育学校を目指そうと思った。

体育学校は、東京の朝霞(あさか)駐屯地にある。そこから、オリンピックや世界大会に出場する選手もいた。自衛官アスリートになれなくても、格闘指導官のバッジを取得して、新隊員などに格闘を教えることができるようになれたらと思っていた。女性で取得している人が少なかったので、取ってみたかった。

そして２０２０年春、わたしは自衛官候補生として新たな人生のスタートを切った。

2 ／ 異常な日常

郡山駐屯地へ

２０２０年６月、任期付きの陸上自衛隊自衛官候補生としての前期教育が終わりに近づいていたころ、どこの駐屯地を希望するのか配属先を聞かれた。第三志望まで出すことができ、わたしは自衛隊体育学校に行くため、柔道が強いとされていた福島県の郡山（こおりやま）駐屯地を第一志望にした。この選択が運命の分かれ目となった。

７月１日からの後期教育は、前期教育で一緒だった同期の女性たちとはバラバラになり、男女混合になった。わたしは、郡山駐屯地で後期教育を受けることになった。そこへは、別の駐屯地で訓練を受けた一般曹候補生も合流した。

先に述べたように、一般曹候補生は、曹になる自衛官を養成する制度で入ってきているので、昇任するのが任期付きの自衛官候補生よりも早い。一般曹候補生は金色の桜のバッジを両襟に付けることから「バッジ付き」とも呼ばれる。

前期教育を終えたばかりの新隊員は、バッジが付いているか付いていないかくらいで大差ないのに、すでに一般曹候補生からはエリート意識の強さが漂っていた。自衛官候補生は、みんなで団結していくというチームプレーの雰囲気があるのだが、一般曹候補生は自分のことは自分でするという個人プレーをする人が目につく。

ただし、「週末清掃」になると団結心が生まれた。金曜日の夜になると隊舎の清掃をする。ワックスをはがして、またワックスを塗って、ピカピカにしなければならない。班長の点検で指摘があったら、次の日にもう1回やり直さなければならないのだ。せっかくの土曜日を清掃で台無しにしたくないがために、自衛官候補生と一般曹候補生は垣根を超えて、床をピッカピカにしようと一致団結する。

ある日、郡山から岩手県に行き、山で大砲を扱う訓練を見学した。はじめて見る大砲の実演だった。

ドーン。

耳が持っていかれそうな迫力。体の内側から振動を受け、心臓に響いた。

やばい、これは人が死ぬ。

一気に緊張感が高まった。大砲を扱う野戦特科の「砲班」は、あまり女性がいないところだった。衝撃が強いだけでなく、器具が重いのだ。

9月、後期教育が終わるころ、配属先の中隊名が発表された。わたしは、東北方面特科連隊（郡山駐屯地）の野戦特科X大隊のY中隊に配置されることになった。

後期教育で出会った複数の先輩たちからこう忠告された。

「ここの中隊は、セクハラとパワハラが多いから気をつけろ」

「気をつけろ」と言われたものの、この中隊がどういう雰囲気なのか、詳しい内情を教えてくれたわけではなかった。むしろわたしは、第一志望の郡山駐屯地の希望が通ったことで、柔道ができるようになると思って喜んでいた。

野戦特科は、大砲を扱う火力戦闘部隊。大砲には興味がなかったが、体育学校に行くためなら、きつい訓練を乗り越えていこうと思った。この時は、不安よりもどんな先輩たちがいるのだろうかという、期待の方が大きかった。

後期教育は郡山駐屯地で行われたので、そのまま郡山に残った。

Y中隊は男ばかりだった。同期は5人いたが、女性はわたし1人だけ。配属時の人員は、69人中、女性は6人。ただし、育休や他部隊での教育を受けに行っている女性がいたので、実質的に女性はわたしを入れて2、3人だけだ。

セクハラは当たり前

9月18日、はじめての顔合わせ。部隊の先輩隊員たちは、「ヤマの訓練」から帰隊してきたところだった。「ヤマ」とは、長期間山にこもって演習することだ。男性隊員たちは顔に髭(ひげ)を蓄え、疲労の色がうかがえた。中隊の先輩たちが疲れているなかであいさつするのは、心臓が飛び出るくらい緊張した。

中隊でのあいさつに続いて、大隊の大勢の前でもあいさつをすることになっていた。その際に、誰かから、自己紹介で一発芸を披露するのが恒例だと聞いた。

わたしは、先輩たちの疲労を吹き飛ばそうと思い、お笑いコンビ・FUJIWARAの原西孝幸のネタを拝借して、ちゃんとポーズもとって大きな声で披露した。

「宮城から来た五ノ井里奈です。一生懸命頑張りますのでこれからよろしくお願いいたします！　発表します！　見猿、聞か猿、言わ猿、メス猿！」

　みんな笑って、温かく迎え入れてくれた。早く新しい環境に馴染みたかった。他の人は誰も一発芸をしなかったけれど。

　配属されてからは、仕事を覚えるのに必死だった。でも、配属前に先輩たちから忠告を受けた通りだったことにすぐ気付いた。

　男性が多い環境だからか、卑猥な発言は常に飛び交っていた。女性隊員がセクハラを受けるのが当たり前という雰囲気だ。

「五ノ井、ガタイやばいな」「おっぱい小さいな」とか、他の女性と比較して品定めするような不快な発言を毎日のように浴びせられた。

　誰に何を言われたか、枚挙にいとまがないが、見聞きしている人が周りにいても誰も注意することはなかった。

　ある日、急に男性隊員が、ブラジャーのホックを外そうとするように背中をまさぐってきたことがあった。

「なんだ、スポブラ（スポーツブラ）かよ」

「スポブラの方が楽なんです」

戸惑いながら答えた。これも女性に慣れていない自衛隊流のコミュニケーションのひとつなのだろうか、と自分をなだめるように解釈した。

また時には、わたしが廊下を歩いていると、通りすがりに男性隊員がお尻を叩いてくることもあった。いちいち「やめてください」と言っていたら、きりがないほど、勤務中にセクハラがまかり通っていた。一般社会ではアウトな身体的接触なのに、この中隊ではぎりぎりセーフどころか、横行していた。

何のために自衛隊に入ったのだろう。

こんなことをされるために入ったんじゃないのに……。

そう思いながら、セクハラを受けている自分のことが嫌いになっていった。

柔道の組み手を理由に身体的接触をしてくる男性隊員もいた。

ある日、階級が上の男性隊員A3曹（3等陸曹）から喫煙所に来るようにと呼ばれた。わたしは、たばこを吸わないが、上下関係が厳しい階級社会だから、呼ばれたら行かなければならない。

喫煙所にいたA3曹は、「柔道しようぜ」と言ってきた。柔道未経験者であるにもかかわらず挑んできた。

「五ノ井、柔道強いんだろ。勝負しろ」

断れなかったので、A3曹と組み合ったものの、柔道未経験者に対して本気を出すわけにもいかなかった。A3曹の身長は180cmほどあり、わたしよりも背が高く、体格も大きい。A3曹は、柔道技の「内股」や「足払い」をかけようと、力ずくでわたしを倒そうとしていた。

どちらかが投げなければ終わりそうになかったから、手加減して投げた。まだ配属されて間もなくて、右も左もわからない。こうしたノリにも合わせるしかなかった。

その後、A3曹から何度も柔道を挑まれるようになった。しかも、それが次第にわいせつな身体的接触にエスカレートしていった。柔道をしているはずなのに、A3曹は、後ろからわたしの腰あたりに両腕を回して持ち上げだした。そのまま回転するように振り回してきた。そして、A3曹がお尻に陰部を押し当てながら、腰を前後に動かしてきた。卑猥な体勢を取らされ、やめてほしかったけれど、階級が上の人に口答えできなかった。

秋ごろ、夜に警衛所の正門付近で歩哨をしていた時のことだった。歩哨を終えて、警衛所に向かっていると、A3曹や他の隊員も歩哨から戻ってきた。A3曹は、わたしに近寄ってきて、特に何を言うわけでもなく、柔道の「払腰(はらいごし)」のような技をかけてきた。組んでいるうちに、後ろに回り込まれた。

この時は、腰を持ち上げられてはいないが、腰を振られ、わたしのお尻に陰部を押し当てている感触が伝わってきた。これを見ていた上官のB2曹は「いけー！」などと歓声を送って笑っていた。同じような行為は、警衛所食堂内やたくさんの車両がとまっている整備工場などでも受けた。

後にこの様子を、女性自衛官が目撃していたことがわかった。

手紙

11月、訓練中に走っていたら左膝がカクカク鳴っているのに気が付いた。高校時代に断裂した靱帯が再び切れていたのだ。医師からは「だいぶ前から切れています」と言われた。ちゃんと靱帯がつながっていなかった。走れていたから気にしなかったけれど、足がうまく上がらなくなっていた。

再び靭帯の手術をするため、実家の宮城県に帰り、2週間ほど仙台市にある松田病院に入院した。術後、病院のベッドで過ごしていたら、段ボール箱が届いた。震災の時に災害支援に来てくれた女性自衛官からだった。

蓋(ふた)を開けるとお菓子の詰め合わせとともに手紙も添えられていた。

里奈へ

荷物無事に届いたかな？　里奈は強いね。痛くても頑張っているし、部隊でつらいことがあっても笑って、顔に出さないで頑張っている。私と出会ったことで、自衛隊に入隊してくれたことはとってもうれしい。その反面、里奈の人生を大きく変えてしまったって、責任を感じているよ。

私はこの仕事でつらいこと、嫌なことはもちろん10年もいると経験してきたんだけど、それ以上に責任のある仕事を頑張ってやり遂げられた時の達成感があるから、この仕事は楽しいなって思うよ。山とかで演習をやっている時は必死で、終わってからの笑い話とかも、この仕事の人とじゃなきゃ共有できない面白さもあると思っている。悪いことをした時には嘘をつかないこと、方向性を自分で決めて確心を持って頑張ること、明るく人を大切にすることを忘れなければ、きっとこの仕事は、ところどころつらいことがあっても楽しいって思えるよ。あとは怪我をしないこと。新隊員くらいの時って、新しい動作をたくさん覚えていくから、身体の使い方が上手くいかなくて怪我することが多い。タイヤ交換、草刈り、持続走のキッツイインターバルとか。鍛え続けることができれば、男の人の最低限の体力・筋力には追い付けるから、一緒に作業していても0・5人じゃなくて1人としての作業員になれる。里奈は元々の体力が一般人のはるか上だから大物になると私は思う！

　長々と書いてしまったんだけれど何が言いたいかっていうと、私は里奈の一番の応援者でいるってこと。リハビリのいまがここ最近だと一番つらいことになるのかな？　心折れずに部隊に復帰してからも前向きに頑張ってほしいな。私でよければ、どんなことでも聞くから気軽に連絡してね。

お菓子は私の好きな物のチョイスになってしまった！　笑

食べられない物があったら同期とかにあげて！　お母さんにもよろしくね。

応援してるよ!!

胸が熱くなって、震災のことを思い出した。わたしは、この女性自衛官の背中に憧れて、入隊したいと思うようになったのだった。やっとわたしも自衛官になれた。応援してくれる人がいるんだから、つらいことがあっても乗り越えていこう。

自衛官として「０・５人」ではなくて「１人」として認められるような立派な隊員になりたいし、柔道も頑張りたいから、リハビリを一生懸命やらなくちゃいけない。

そういった前向きな気持ちを取り戻した。

年が明けた２０２１年１月中旬、術後の自宅療養が開け、郡山駐屯地に戻った。この時、膝を守るための装具を装着していた。わたしが荷物を持ちながら階段をのぼっていると、中隊の男性隊員が駆け寄ってきて、「無理するなよ」と声をかけて荷物を持ってくれた。優しかった。

相変わらず卑猥な発言は当たり前のように続いていた。膝の装具をしている間は、身体的なセクハラを受けなかったけれど、装具が外れて通常の業務に就けるようになったら、それはまたはじまった。

装具が外れて間もなく、お昼休みに廊下を歩いていたら、Ｃ３曹が勢いよく背後から抱きついてきた。びっくりして、一瞬全身に力が入って硬直した。わたしは、何も言わず、ただ放してもらえるのを待った。

近くにいた保険屋さんの女性もびっくりしたという顔で、こちらの様子を見ていたのを覚えている。周囲には他の女性隊員も男性隊員も見ていたが、やはり誰も何も注意はしない。

本当に、もうどうすればいいのかわからない――。心の中でそう思った。

毎日繰り広げられる猥談に戸惑いを抱きながらも、先輩たちに合わせて、心にもなく笑顔を作って受け流すようになっていた。

これが当たり前。これが普通だ。異常だと思ってはいけない。

そうやって自分をごまかしながら過ごした。この時点で、わたしはセクハラに麻痺（まひ）しかけていたのかもしれない。

使命の重さ

日常的なセクハラに耐えている日々でも、自衛隊の任務自体には意義があると思える時があった。

　２０２１年2月13日の夜のこと。わたしは、郡山駐屯地の営内にいた。11時の消灯時間を過ぎたので、そろそろ寝ようとしていた。

　突然、揺れた。地震だ。11時7分に福島県沖で震度6強、マグニチュード７・３の大きな地震が発生したのだ。

　隊舎の部屋にひとりでいたら、他の部屋から女性の先輩が来た。

「大丈夫か！」

「大丈夫です」

「戦闘服を着ておいて。たぶん集まるだろうから」

　急いで迷彩服を着た。隊舎の外にいた隊員たちも続々と集まってきた。この日は土曜日で、翌日の14日はバレンタインデーだった。わたしのいた駐屯地では、「外出」することを「娑婆（しゃば）に出る」とも言う。例えば、「やっと娑婆に出られる」「娑婆の人と付き合っている」というように言っていた。バレンタインの週末はいつもより特別な日を過ごしていた隊員もいたかもしれない。

　それでも自衛官は、招集がかかれば、這（は）ってでも集まって来なければならない。家族旅行の途中で出てきたという隊員もいれば、顔を真っ赤にしてベロベロになっていて、駐屯地までお姉さんに送迎してもらった隊員もいた。ろれつが回らないほど酔っぱらった先輩隊員でも、急にキリっと切り替わるわけではないけれど、それなりに頑張って出動の準備をしていた。

わたしは、ストーブを車両に積む作業をした。福島県内で断水した地域があり、中隊の上官たちが出動し、わたしは駐屯地で待機した。もしかしたら自分たちも出動するかもしれないという緊張感があった。

こうやって、東日本大震災の時もすぐに自衛隊は動いていてくれていたんだ。はじめて災害支援の準備をして「入ってよかった」と実感した。今度は、自分が助ける番になる。

自衛官は、自分や家族が住んでいる場所で災害が発生したら、家族を置いてでも、集まらなければならない。負っている使命の重さを感じた。

また、わたしにとって数少ない女性自衛官の存在はとても大きかった。

隊舎に帰れば、女性隊員と明るく楽しんでいた。節分で一緒に豆まきをしたり、手打ちうどんを作ったり、外にキャンプに行ってドラム缶の五右衛門（ごえもん）風呂に入ったりしながら過ごした。

3月14日のホワイトデーには、「五ノ井デー」と称し、お世話になっている女性隊員に労い（ねぎらい）の意を込めて、営内に残っていた女性隊員と一緒に生地からたい焼きを作った。たい焼きを洗濯ばさみで吊るして、帰ってきた女性隊員に1匹ずつとって食べてもらった。たくさん笑いあった。ケガのリハビリへの不安や、仕事中にセクハラ行為を受けて嫌な思いをしていても、こうして過ごしている時だけは、不安や嫌なことを忘れることができた。

こうした姿は、同じ中隊の男性隊員の前では見せていなかった。仕事とプライベートのオンとオフをはっきり分け、中隊内では静かに過ごしていた。

わたしが女性隊員の隊舎でふざけているという話を聞いた男性隊員から、「中隊内でも面白いことをやれ」と言われたことがあったが、うんともすんとも返さなかったと思う。仕事中にセクハラを受けているだけでも苦痛なのに、さらに俺たちを笑わせて喜ばせろとでも言いたいのかと思った。

「オオカミなっている?-?-」

性加害を受けた描写がここから73ページまで続きます。フラッシュバックのおそれのある方は、73ページの「夢を潰す部隊」から読み進めてください。

6月、同じ中隊にいる女性の先輩隊員が退職することになった。

このころ、「ヤマの訓練」という野営演習が予定されていた。女性の先輩隊員にとっては最後のヤマの訓練。わたしにとっては、膝が完治しつつあったころで、はじめての参加だった。

6月23日の夜。ヤマの訓練場での出来事だった。訓練後の夜は、決まって中隊ごとで宴会が開かれた。天幕という2~3人の簡易ベッドが入っているテント内で、わたしは料理担当としておつまみを作っていた。酒盛りする先輩隊員たちのために料理を作るのが、一番階級の低い新隊員の役目だ。

事前に先輩たちから「手作りのから揚げが食べたい」と要望があったので、山に入る前日に鶏肉をタレに漬け込んで用意した。ガスコンロに火をつけて、フライパンに油を入れて、下ごしらえをしておいた鶏肉をからっと揚げた。先輩たちからは好評だった。

そうこうしているうちに、退職予定の女性の先輩隊員が天幕に乾杯のあいさつをしに顔を出した。女性の先輩隊員は、男性隊員から「膝に乗るように」と指示を受け、膝に乗せられた。

わたしの告発後、メディアの取材に答えた女性の先輩隊員は、この日に男性隊員から頰(ほお)にキスをするようにと、強要されていたとも証言した。

消灯時間を迎え、女性の先輩隊員は天幕から出ていこうとした。すると、上官であるB2曹は「明日は最終日だから絶対に来いよ。覚悟しておけ」と言い放った。女性の先輩隊員は苦笑いを浮かべてごまかしていた。「覚悟しておけ」の意味は、これよりもっとひどいセクハラが待っていることを宣言したようなものだった。

この日のセクハラのターゲットは、先輩隊員となり、わたしは触られなかった。

翌24日の夜。前日と同じように天幕で飲んでいる先輩隊員たちのために、わたしは料理を作っていた。天幕には、男性隊員が入れ替わり立ち替わり出入りし、多い時は5〜6人くらいが肩を寄せ合いぎゅうぎゅうになって座っていた。

この日、女性の先輩隊員は天幕に現れなかった。すると、Ｂ２曹の視線はわたしに向けられた。

「五ノ井、膝の上に座れ」

「ここで大丈夫です」

わたしは、レジャー用の収納箱であるＲＶボックスの上に座った。

「五ノ井はなんでスポブラなの？」

Ｂ２曹はブラジャーのホックを外す話題から、以前にも別の隊員から聞かれた下着の種類について訊ねてきた。しかも、正面に座ってきて目を細めながら言うのだ。

「おっぱい触っていいか。柔らかいか、硬いか確かめる」

気持ち悪かった。階級が上の人の言うことに口答えしてはいけないと思っていた。

Ｂ２曹は、両手を伸ばしてＴシャツ越しに揉んできた。しかも、他の女性隊員の胸の大きさと比較して言うのだ。

「○○士長のよりは小さい」

そこへ別の男性隊員Ｄ３曹が天幕に入ってきた。Ｂ２曹は、Ｄ３曹に聞いた。

「五ノ井のおっぱい、柔らかいか、硬いか、どっちだ」

D3曹は「触るよ」と許可を得たかのように、Tシャツ越しに揉んできた。最悪だった。

さらに隣に座っていたC3曹が、急に手を重ねて指を組むように握ってきたり、抱きついてきたり、右頬にキスしたりしてきた。

別の天幕にいる昨晩の女性の先輩隊員にメッセージを送って助けを求めた。

「はやく来てください」

「オオカミなっている?」

「なってません、とりあえず早く来てください」

「○○さんに今来たらやばいかもって言われたよ」

「オオカミ」とは、男性隊員がお酒に酔って理性を失っている状態のことだ。わたしは、「オオカミになっています」と返せば女性の先輩隊員は助けに来ないだろうと思ったから、「なってません」と返したのだった。だが、その場にいた別の男性隊員が「今来たらやばい」というメッセージを女性の先輩隊員に送っていた。

結局、女性の先輩隊員は天幕に現れなかった。しばらく経ってからまたメッセージをくれた。

「おっぱい揉まれたんか！　大丈夫かぁ。まだ終わらなさそう？」

「終わりません」

「呼ばれたらいくけど呼ばれなかったらいかないかも」

「早くお願いしやす」

「自分から売りには行きたくないなぁ。早く寝れるといいね」

その後、わたしを含む数人が天幕の外に出ると、男性隊員の３曹が暗闇の中でスマホのライトを光らせてわたしを照らした。Ｂ２曹が、またＴシャツ越しに胸を触ってきた。咄嗟（とっさ）に声が出た。

「なにしているんですか！」

「ごめん、ごめん」Ｂ２曹は笑っていた。

深夜に宴会がお開きになり、フライパンなどを片づけ終え、ごみをまとめるために天幕へ戻った。Ｃ３曹が「陰部にできものができた」と、Ｂ２曹に打ち明けているところだった。そこに居合わせたわたしの目の前で、わざわざジャージーのズボンを降ろし、手を取って下着越しに陰部を触らされた。

それをＢ２曹がニヤついて見ていた。

この日は、女性の先輩隊員の代わりに、わたしがターゲットになったのだ。

ヤマの訓練が危険というのは、こういうことだったのか……。山に入る直前、隊舎で同じ部屋の女性隊員から、繰り返し忠告を受けていたのだ。

「ヤマが一番セクハラひどいから、気を付けてね」

「どんなことをされるんですか」

「膝に座らされたり、ほっぺや口に強引にキスされたり、抱きつかれたり、胸を揉まれたり、陰部を見せつけられたり。本当にエグイから気を付けてね」

「……気持ち悪いですね。頑張ります」

「うん、頑張ろう！」

冗談交じりの忠告ではあったものの、実際に自分の身に降りかかるとは思ってもいなかった。

女性隊員用の天幕に戻ると女性の先輩隊員がいた。わたしは、聞いた。

「先輩、なんで来なかったんですか」

「やられるとわかっていて、自分からは行けないから」

昨晩のターゲットだった女性の先輩隊員の言い分は納得できる。もし来ていたら、また先輩がターゲットにされてしまっていた。訓練をしに来ているのに、夜遅くまで男性隊員の性のはけ口みたいにストレス発散に利用されるなんてこと、誰だって嫌なはずだ。

自分の身は自分で守るしかなかった。どうしようもなかった。

コミュニケーション

6月25日、悪夢のヤマの訓練が終わり、郡山駐屯地へ帰隊する時のことだった。乗車予定の車両の近くに立っていたら、普段からお調子者のC3曹が近づいてきた。わたしの手を取るや、もともとボタンが取れたままのズボンのファスナーのところに突っ込んだ。そして、笑いでも取るかのように大きな声を発した。

「チェックイン!」

近くにいた曹長は、にやにやしながら見ているだけで、止めたり指導したりすることもなかった。男性にとってはおふざけかもしれないが、やらされている方は不快だし汚い。早く手を洗いたかった。

さらに、わたしと女性の先輩隊員が中型車両の荷台に乗っていた時のこと。梅雨の蒸し暑い日だった。

上着を脱ぐのにも許可がいるかどうかは、わからなかったが、たまたま乗車点検のために巡回してきたE2尉（2等陸尉）に、わたしは「暑いので上着を脱いでもいいですか」と聞いた。

「全部脱いでいいよ」E2尉はニヤついて言った。

向かいに座っていた女性の先輩隊員と顔を見合わせて苦笑いを浮かべた。

郡山駐屯地に着くと、昨晩の様子を見ていた男性隊員から「大丈夫か」と声をかけられた。「大丈夫です」と返すのが精いっぱいだった。本心は、大丈夫ではなかったけれど、言えなかった。

その日の夜。昨晩、わたしが受けたセクハラのことを誰かが中隊長に伝えたようだった。すぐに告げ口をした人物の犯人捜しが始まった。わたしが上官に報告したわけではなかった。でも、中隊内では「五ノ井がチクった」と噂(うわさ)され、いつも話しかけてくれていた先輩からも避けられるようになっていた。

わたしは、触ってきた男性隊員に電話をして、「わたしは言っていませんから、いつも通りに接してください」と伝えた。こうでも言って問題を鎮めないと、中隊に自分の居場所がなくなってしまうと思ったからだ。

　当の男性隊員からは電話でこう言われた。

「セクハラじゃなくて、コミュニケーションの一部だもんな」

　数日後、わたしは、曹長から呼び出され、ヤマの訓練中に起きたセクハラについて問われた。こう答えた。

「なにもありませんでした。大丈夫でした」

　この一件でわたしは、誰も信用できなくなった。女性隊舎では、同期や先輩が日々受けるセクハラを報告しあっていたけれど、改善するために上官に報告する人はいない。

　なぜか。ただ麻痺しているだけではなかった。この中隊では、異常なことが起きていても、それを正すようにしてほしいなどという声をあげてはいけないからだった。報告したら、解決しようとするどころか、弱い者は潰される。厳しい上下関係の世界で、少しでも和を乱すような言動をとれば、目の敵にされるのだ。

　間もなくして、ヤマの訓練で一緒だった女性の先輩隊員は辞めていった。山に行く前から辞める予定ではあったが、数少ない女性隊員が減っていくのはつらかった。

わたしも辞めようかという思いが、ふっと頭をよぎった。日常的にセクハラに遭っていることを母には伝えていた。

母は憤（いきどお）ってはいたものの、9月ごろには自衛隊体育学校の選考に申し込もうと考えていたから、もう少し我慢すれば、体育学校に行けるかもしれないという希望もわずかながらあった。自衛隊の仕事そのものにはやりがいがあったから、耐えようと踏みとどまった。

7月に入ってから、母が体調を崩して寝込んだ。がん再発の恐れがあるため、一緒に病院へ行き、看病のために宮城に頻繁に帰省した。ただ、8月から、射撃訓練のために北海道に約1か月間行かなければならなかった。その間に母の容態が急変しないことを祈った。

3／夢のゆくさき

ご飯会

8月3日、北海道にある演習場の営舎に到着し、翌日からの訓練に備えて準備をした。その日の夜、男性隊員の部屋で「ご飯会」という名の宴会が開かれた。

部屋では、2段ベッドが両サイドに並び、真ん中のスペースに15人ほどの男性隊員たちがRVボックスを机代わりに囲んでお酒を飲んでいた。わたしは、料理担当として、部屋の入口付近で焼き物を焼いて配っていた。

男性隊員から、「料理はいいから接待しろ」と言われ、別の男性隊員からレモンサワーを差し出された。

男性隊員たちの会話に耳を傾けていると、F1曹とB2曹が格闘技の話をしだした。わたしもその話に加わった。この時、部屋にC3曹が入ってきた。すると、F1曹が、C3曹に首をキメる技をするようにと指示した。

「五ノ井にやってみろ」

F1曹とB2曹は、両手で首を回す首のキメ方を口頭で指導した。C3曹は、両手をわたしの首に当ててベッドに押し倒した。覆いかぶさった状態で体を動かすことができなかった。そこからC3曹の手は、わたしの首から脚の方に下がっていき、股をこじ開けるようにして開脚させた。

そして、陰部を押し当てるようにして何度も腰を振り、「あんあん」と喘ぎ声のような奇声を発して、「フィニッシュ!」と叫んだ。この光景を見ていたF1曹とB2曹は笑っていた。部屋中に笑い声が響いた。

不快感と、周囲が見ているという恥ずかしさが込み上げた。わたしは、言葉を発せられなくて、とにかく早く終わってほしいと願うことしかできなかった。

でも、ひとりでは済まなかった。同様の行為をA3曹とD3曹からも受けた。このふたりについては、どちらが先だったのか記憶が曖昧だが、それほど時間を空けずに立て続けに覆いかぶさってきた。

　A3曹の時は、両手首を押さえつけられた。抵抗しようとして、手首に力を入れて振りほどこうとした。恥ずかしいからやめてほしかった。しかし、さすがに普段から訓練で鍛えている男性隊員の腕力にはかなわなかった。諦めて、絶望しながら、ただ終わるのを待った。

　終わって体を起こすと、A3曹から「五ノ井って、案外力が強いね」と言われた。抵抗していたことに気が付いていながら、行為をやめなかったのだ。

　D3曹も同じように首をキメて押し倒してきた。D3曹は、覆いかぶさり、3、4回ほど腰をゆっくり振ってきた。

　3人の行為が終わってから、自分のもといた席に戻った。

　だが、しばらくしてから、F1曹がにやにやしながら言い出した。

「あれ、首キメて倒すのどうやるんだっけ?」

　もう3回も見ていたにもかかわらず、また持ちかけてきた。

　すると、C3曹が、わたしに近寄ってきて、最初と同じ行為をしてきた。この時も笑いが起きた。セクハラの域を超えていて、もう限界だった。どんどん心と体が汚されていく。わたしの顔は死んでいたと思う。

　顔面蒼白のわたしに、C３曹が声をかけてきた。

「誰にも言わないでね」

　近くのベッドでうつ伏せの体勢でいた別の男性隊員３曹は、「今さら、何言ってんだよ、こんなことしておいて」と、笑っていた。

「言わないですけど……」とわたしは返し、料理で使ったフライパンを洗いに部屋を出た。

　手が震えていた。気持ちを落ち着かせることができなかった。

　消えてしまいたい……。

夢を潰す部隊

　翌日から、男性隊員の部屋ではなく外で料理をした。なるべくあの中隊がたむろしている部屋には入りたくなかった。後輩に頼んで料理を運んでもらったが、人手が足りず、どうしてもわたしも料理を運ぶのを手伝わなければならなくなった。

料理を手に男性隊員の部屋に入ると、Ｂ２曹がこちらに気が付いた。

「五ノ井、膝に座って」

嫌だったから、座らずに立っていた。その姿を見たＧ３曹が野太い声をあげた。

「おい！」

わたしをにらんでいた。怖くなって、Ｂ２曹の命令に従った。またセクハラがはじまるのかと思うと、嫌でたまらなくなった。

約１か月ある訓練は始まったばかりだ。自衛隊の訓練は、人里離れた場所で行われる。有事の時に任務を放り出すことができないのと同じく、訓練から逃げ出すことは許されない。ケガなどのやむを得ない事情がないと抜けられない。だからといって、女性隊員は男性隊員から夜の接待に利用され、毎晩のように繰り返されるセクハラに耐えなければならないだなんて……。

男性隊員たちがまた暴走したらどうしたらいいのだろうか。わたしの心と体は限界まで針を振り切って、不安と恐怖に耐えられなくなっていた。

前期の教育訓練でお世話になった、自分のことを「わぁ」と呼ぶ女性班長の顔が頭に浮かんだ。

「もしも、ひとりで乗り越えられない壁にぶち当たってしまった時、そんな時こそ、ここで培った絆を十分に発揮すること。たくさん頼ってほしい。決してひとりだと思うなよ」

班長が日誌に書いてくれた言葉だった。あす、班長に相談してみようと思った。

8月6日の朝。訓練の合間に、班長にメッセージを送った。

「セクハラのことで」と送ったら、班長は、何かを察したようにすぐに返事をくれた。

「嫌なことあった？」

「演習場着いて、その初日の夜がやばかったです」

「セクハラされた？」

「はい。ふざけてですけど。もう無理です」

「女性からしたら、それが一番きついのよね」

「でも、これを上に話してしまうと、いろいろとまためんどくさいので、まだ話していません」

「言えないよね。一回落ち着いて、いろいろと固めようか」

「とりあえず、もう集団の男の所からいなくなりたいです」

「誰かWAC（ワック）の先輩はいる？」

WACとは、陸上自衛隊の女性自衛官のことで、Women's Army Corpsの略語である。わたしは、6月に受けたセクハラの件があってから、同じ中隊の人を信用できなくなっていた。

「過去のこともあって、トラウマで今回もきついです。同じ中隊にひとり女性幹部がいます。他の先輩女性は別の中隊にいます」

「その女性幹部はいい人かな……。話は聞いてくれそうな人？」

「聞いてみます」

「できるなら、相談してみた方がいいかもしれない。少しでも行動を変えてもらえる方が、ストレスはなくなるもんね」

「潔く辞めた方がいいんでしょうか」

「辞める、辞めない以前に、今この訓練でどう対処するかよ」

「早く帰りたいです。でも、報告なんてすれば、まわりの人が『あーだこーだ』言って、もっと居づらくなるので、とりあえず静かに帰らせてほしいです」

「その幹部の人に自分の気持ちと考えは伝えた方がいいと思う。いま我慢して、無理して、また触られたりして、五ノ井がストレスをため込んで、仕事に支障が出る方が部隊にとってはマイナスだから」

「そうですね。みんなの前で首をキメて倒す実験台にされて、そのままベッドに倒されて、覆いかぶさってきて、手押さえつけられて、めっちゃ腰を振られました。それを3人にやられて、みんなの笑いものでした。そのあとに『言わないでね』って言われて、『言わないですけど』って言いましたけど、本当に帰りたいです」

「は？　最低。絶対に言った方がいい。完全にアウトだわ。まじで最低。さすがにひどすぎる。よく耐えたね。つらかったね。もう我慢もしたくないよね……。いま、わあに話してくれたことを幹部の人に頑張って言ってみてほしいな。これを聞いても、WACひとりで男性隊員の部屋に入れなんて言わないと思うから、少しだけでも行動は変えてもらえると思う」

「中隊に女ひとりというのが、もうしんどいです。一昨日とか昨日は触られなかったですけど、もういるだけで嫌です。でも、他のWACは訓練を頑張っているから、頑張らないとって思うんですけど……。しかもあと1か月あるので、もう耐えきれるかわからないです」

「耐える内容じゃない。五ノ井が耐える必要はない」

「もう終わったら、辞めますって言おうと思っているんですけど、早まりそうです」

「他の人の基準じゃなくて、五ノ井が嫌だと思ったら、もうそれはセクハラなの。訴えたら、そいつら処分くらうレベル。もう少しで辞めるから耐える、とかじゃないと思うの。次は五ノ井のＷＡＣの後輩が苦しむ日がきっと来るから。五ノ井に、そいつらのことを上に話して処分をくらわせろ、って言っているわけではないからね。ただ、今の状況は変えないといけないとは思っている。一緒に考えよう」

「またチクっただのなんのとか言われるので、噂が立つ前に潔く早く帰りたいです。訴えれば、その人たちにも家族があるので、自分はそこまでしませんけど、とりあえずここからいなくなりたいです」

「わぁは、今回のことを言いつけるにしろ、体調不良で休むにしろ、部隊に戻らせてもらった方がいいと思う。できるのであれば、起きたことをすべて話して、五ノ井がいま言ってくれた気持ちも話して、それを踏まえて『体調不良』という理由で帰らせてもらうのがいいと思う。幹部のＷＡＣの方と、その上の方の協力が必要になるけど、今回の理由を話せば行動しないわけないと思う」

「どうしましょう。何て言ったら帰れますか。手をケガして途中で帰ったことがあるのですが、その時は『気持ちが弱い』って陰で言われていました」

「そうやって陰で言われるのもつらいよね。でも、体調不良で倒れて文句言われるのと、今回みたいなセクハラをされるのだったら、どっちも最悪だけど体調不良の方がましだと思う」

「中隊長にセクハラのことを話して、体調不良で帰ったという体にしたいです。でも、中隊長も信用できないので、すぐに情報を漏らすかもしれないです。ここの中隊は歩くスピーカーばっかりなので。全員そんな感じです」

「うん、その方があとあと言われてつらいものがあるけども、触られて嫌な気持ちになるよりはましかもしれない。まずは、ＷＡＣの方にだけでも言ってみようか」

「そうします」

「今回の件はひどすぎると思うし、パワハラ、セクハラだし、暴行でもあると思う。わぁは、そいつらの家庭とか考えなくてもいいと思っているよ。実際に五ノ井を苦しめているのだから。人として最低なことをしているからね。階級、年齢、立場で言えないのは当たり前で、五ノ井が悪いと思うことじゃない」

「わかりました」

「WACの幹部に相談するとき、自分の口から何をされました、というのはすごくつらいと思う。そんなときは、わぁとのこのメッセージの履歴を見せても大丈夫だから。五ノ井がされたこと、言われたこと、その場の雰囲気、嫌だって思っていた気持ち。わぁには、全部話してくれたよね。それが五ノ井の正直な気持ちだと思うから、幹部の先輩に言わなくても、これを見てほしいです、ってスマホを見せても大丈夫だからね」

「わかりました。ありがとうございます。きょう、WAC幹部と中隊長に言いに行きます」

「うん、その方がいい。できなくても、自分を責めないこと。その時は、また明日にでも頑張ってみよう。なによりも、わぁにこのことを教えてくれてありがとうね。よく頑張った」

「これまでにも、お母さんに『(日常的な)セクハラがきつい』って相談してきて、でも体育学校へ行けるなら我慢するってことになったんです。体育学校に行くには、その前に練習が必要なんですけど、練習環境を作ってくださいってお願いしても練習すらさせてもらえなくて、監督には『ここにいる以上は柔道はできないと思っとけ』と言われ、あきらめました。もう夢も途絶えて、セクハラにも耐えることができなくなってしまって、ボロボロです」

「隊員の夢を潰す部隊なんて終わってる。自衛隊がすべてではないと思うし、トラウマを抱えたまま過ごすくらいなら、自分のためを思ってこの先を考えた方がいいからね。いつでも相談に乗らせてね」

「訓練は訓練だから」

こうして班長に背中を押され、勇気を振り絞って女性幹部に相談することにした。対面だと周囲が察知するかもしれないと思い、メッセージを送った。

「自分やっぱこの大量の男の人たちのいるところが無理です。精神にきていて帰りたいので夜話を聞いてくれませんか？　でも誰にも言わないでほしいです。中隊長の方にいつ話すか決めたいです。絶対に3曹とか他の幹部とかにバレたくないです」

女性幹部はすぐ返事をくれた。

「了解！　いつでも話聞きます。ちょっと色々、対応を考えてみる。とりあえず、今日一日大変だと思うけど耐えきって……！　あと中隊長に話すにしても、絶対に五ノ井を巻き込まないように気を付けるから！　安心して！」

この女性幹部の言葉にほっとした。心強い味方になってくれるだろうと、そう思っていた。

この日の訓練後に、男性のH中隊長と女性幹部とわたしの3人は、営舎の外に停めてある車両の陰で話し合った。

わたしは、8月3日に被害に遭ったことを説明して、「帰らせてください」とお願いした。

H中隊長は、さも事情をくみ取ったかのようにこう言った。

「俺がそいつらに言っておくから」

「言わないでください。6月にもヤマの訓練でひどいセクハラを受けていて、それを告げ口したのがわたしだと疑われました。中隊にいにくくなるので、それはやめてください。でも、もう限界なので帰らせてください」

H中隊長が困ったような表情を浮かべて出した言葉が、これだった。

「訓練は訓練だから」

わたしは女性幹部の方を見て、助けを求めたかった。

「そうだよ、訓練は訓練だからさ」

女性幹部はH中隊長に同調した。

頬に涙が伝った。助けてくれないんだという絶望と同時に、女性幹部から手のひらを返されたことに対する怒りが込み上げた。胸倉をつかむ勢いで、女性幹部に顔を近づけて詰め寄った。

「これでもし、わたしが死んだらどう責任取ってくれるんですか」ぶん殴りそうだった。

「落ち着け！」

H中隊長が「帰らせる方向で話を進める」と間に入った。

訓練を抜けるにはそれなりの理由が必要だった。被害が原因であることを、他の人に知られないように、病気がちな親が倒れたことにした。事実、この訓練に来る1か月ほど前から母の体調は悪かった。

わたしは、女性隊員が寝泊まりする自分の部屋に戻った。涙を堪(こら)えることができなかった。

「どうしたの」

「いや、なんでもないです」

異変に気付いた女性隊員からティッシュを差し出された。女性隊員に事情を説明しても、中隊内にすぐ噂が広まってしまうので、泣いている理由をすぐには打ち明けられなかった。

朝にメッセージでやり取りした班長に電話したかった。けれど、部屋にひとりになったと思ったら、すぐ人が入ってきてしまってタイミングをつかめなかった。いざ、電話したら、人里離れた場所だったからか電波が悪くてうまくつながらなかった。

メッセージで「家に帰れることになりました」と報告し、「本当にありがとうございました。班長の言葉ひとつひとつに助けられました」と送った。

誰を信じたらいいのか

8月7日から訓練に顔を出せなくなった。

早朝5時前後には、訓練のために隊員たちは起床する。わたしだけ起きないわけにもいかないので、同室の女性隊員たちに「おはようございます」とあいさつをした。平静を装うつもりでいたのに、また涙があふれ出てきてしまった。

黙っているのが苦しくなって、隣のベッドにいる仲のいい先輩に被害のことを打ち明けた。先輩は「大丈夫？　ゆっくり休んで」と慰めようとしてくれた。

営舎の1階に女性隊員と中隊長たちの部屋がある。男性隊員は2階に寝泊まりしていた。だから、男性隊員たちは、必ず1階を通ってから2階に上がっていく。半長靴(はんちょうか)のブーツで階段を上り下りしている足音が響いてきた。しかも、女性隊員の部屋の向かいにある部屋に各中隊の銃を保管していたので、朝早くから銃を出庫する音が聞こえてくる。そういう音を聞くだけで、恐怖と罪悪感に苛(さいな)まれた。

被害さえ受けていなければ、訓練に参加し続けることができたのに、いまとなっては涙を堪えることすらできなくなってしまっていた。

隊員たちが営舎を出た後、中隊の男性隊員たちからメッセージや電話がきた。訓練に出ていないわけをどう話したらいいのかわからなかった。H中隊長に相談したら、「親の体調を心配して自分も体調が悪くなったということにして」とのことだった。隊員たちには「デリケートな話だからそっとしておいてあげて」と伝えてくれたようだ。

夜になると隊員たちは営舎に帰ってくる。ひとりで部屋にいるのが気まずかった。ご飯は部屋に運んでもらったものを受け取って食べた。けれど、トイレやお風呂に行くためには、部屋を出なければならなかった。

トイレもお風呂も男女別であっても、男性用のすぐ隣が女性用だったから、いつどこで中隊の人たちと鉢合わせるかもわからない。なるべくひとりでの行動を避け、女性隊員に同行してもらった。中隊の人の影が見えたら、走って女性隊員の部屋に駆け込んだ。

神経をすり減らし、とにかく早くこの場から消えてしまいたかった。

８月８日の早朝、中隊のＤ３曹から電話がきた。わたしに首をキメて押し倒してきた３人のうちの１人だ。怖くて電話に出られなかった。

Ｈ中隊長に報告したら、Ｄ３曹の電話は、売店で虫よけスプレーを買ってきてほしいという要望だったという。隊員たちが訓練に出ている間に、営舎から少し歩いたところにある売店で虫よけスプレーを買った。２種類あり、どっちがいいのかわからなかったが、電話して聞くのは嫌だったので、２種類とも買って、Ｄ３曹のＲＶボックスの上に置いておいた。電話に出られなかったことについて、こうメッセージを送っておいた。

「お疲れ様です。上手く話せる気もしなくて電話折り返しできずにすみません」

するとD3曹からは絵文字たっぷりの返事がきた。

「お疲れ様　全然大丈夫だよ　五ノ井の気持ちわかってあげられなくて本当に申し訳ない　ゆっくりでいいから元気出してね」

ニコニコマークの絵文字をたくさん使ってくる無神経さに返す言葉がなくて、「すみません。ありがとうございます」とだけ返信した。

「もう早く帰りたいです。どうにかなりませんか」とH中隊長にメッセージを送った。

H中隊長は、8月10日から年次休暇と代休を取得して、実家に帰れるように調整した。ついでに、自衛官診療証を持って帰りたいともお願いした。

自衛官診療証とは自衛官の保険証のことで、これがないと医療費が3割負担にならない。訓練中は紛失しないように中隊長が隊員の分をまとめて管理していた。10日の出発当日に受け取ることになった。

北海道の訓練場所から宮城県に帰る交通費を計算したら、手元にある所持金では足りなかった。訓練のために来ていたので、クレジットカードやキャッシュカードなどを持っていなかった。やむを得ず、女性幹部に1万円を借りた。

8月9日にわたしの母親が倒れて病院に運ばれ、病院から症状が深刻だという電話がきた、というシナリオをH中隊長が大隊長に報告した。

この日、女性幹部とふたりきりになった時に、こう言われた。

「一応、嘘ついていることは心の片隅にでも置いておいてね」

女性幹部の一言に愕然(がくぜん)とした。エスカレートする被害から逃れるための苦渋の判断にもかかわらず、被害者であるわたしに非があるかのように聞こえた。

だけど、この時のわたしには、中隊に対する情がまだ残っていた。本来なら、大隊長にすべてを報告したかった。しかし、加害者たちには家族がいる。処分されたら、その家族が悲しむことになる。ここは、わたしだけが消えるしかない。頼りにしたかった女性幹部さえも手のひらを返すような中隊で、いったい誰を信じたらいいのか。性的な加害行為を見て見ぬふりする部隊組織から、自分で自分の身を守るには、逃げることしかできることはなかった。

みんな敵だ。誰も守ってはくれないのだから――。

そう思わなければならないのが、ただただ、つらかった。

「この世から去りたい」

8月10日、脱出の日。朝6時の出発前。隣のベッドにいた仲良しだった先輩の女性隊員に置き手紙を書いた。適当な紙がなかったから、災害用の携帯トイレのパッケージの上に油性ペンで殴り書きをした。

「もう限界です。消えたいです。この世から去りたいです。死にます。いままでありがとうございました。先輩と出会えてよかったです。楽しかったです。五ノ井より」

先輩の枕元に置いて、素早く部屋を出た。

上下ジャージー、足元はサンダル姿で、自衛隊の小型トラックに乗った。女性幹部とドライバーの男性隊員が同行し、30分ほど走ったところにある最寄り駅まで連れて行ってもらった。そこから電車を乗り継いで新千歳(しんちとせ)空港に行く予定だった。

ところが、10時ごろ、帯広(おびひろ)駅で電車が止まった。千歳方面で降っている大雨の影響で運転を見合わせているというアナウンスがかかった。運悪く、日本列島を北上していた台風9号が温帯低気圧に変わって、北海道に接近していた。空港には12時10分ごろ着く予定だったのに、40分ほど待っても運転再開の目処(めど)が立たなかった。

飛行機の離陸時間は13時50分。電車を降りて、バス停に直行したら、高速バスの「ポテトライナー号」は走っていて、14時30分発に乗ることができた。

予約した飛行機には間に合わなかったけれど、新千歳空港にアクセスしやすい札幌まで行ければどうにかなると思った。

夕方、無事にポテトライナー号で札幌に着いた。翌日早朝の便を予約し直した。長旅に疲れていたから、そのまま空港直結のホテルに泊まろうとした。しかし、高かったから、札幌方面の手ごろなビジネスホテルに素泊まりした。

8月11日、早朝の便で新千歳空港を出て、10時過ぎに仙台空港に到着した。14時ごろ、やっと実家のある東松島にたどり着いた。

母には、「セクハラで帰る」としか伝えていなかった。家に着いたら、母から「事情を説明してほしい」と言われた。

だが、今回のことはすぐに話すことができなくて、家に着いても一切口を利かずに自分の部屋へ直行し、布団をかぶって閉じこもった。

2日後、入隊の時にお世話になった自衛隊の広報官に母が連絡して、3人で話し合うことになった。そこで、8月3日に受けた被害のことを打ち明けた。

広報官は「そんなことがあったのか、ありえない話だ」と驚きながら、熱心に話を聞いてくれた。広報官が仙台駐屯地にあるハラスメント相談窓口につなぎ、後日、相談員と幹部たちを交えて喫茶店で話をした。そして、9月に自衛隊の総務・人事課にあたる「一課」に被害を報告した。

だが、一課からは、日常的なセクハラを目撃していたという証言はあったものの、8月のセクハラの件を見たという証言が得られなかったという結果を告げられた。男性隊員が15人ほど部屋にいたにもかかわらず、みな口をそろえて「見ていない」「やっていない」という証言しか出てこなかったという。

なぜ……。あれだけ見ている人がいたのにどうして誰も事実を証言してくれないのだろうか。単に技をキメただけであんな笑いが湧き起こるわけがないのに……。

わたしは甘かった。男性隊員たちは嘘をつかないだろうと信じていた。事件が明るみに出れば、彼らが事実とその重さを認めて、ちゃんと謝ってくれると思っていたのだ。

事件を立証するには、その場にいた隊員たちの証言に頼るしかなかった。動画にとらえられていれば決定的だろうが、訓練場に防犯カメラが設置されているわけでもない。屈強な男の集団に囲まれ、怖くて、言葉すら発せられないのに、自分で録画できる人などいないだろう。

男性隊員たちが口を閉ざすことで団結している状態のなかで、どんな顔をして中隊に戻るのか。いや、戻れるはずがなかった。この先、どうしたらいいのか、途方に暮れた。

一課からは、自衛隊内の警察と呼ばれ、自衛官が起こした犯罪を捜査する警務隊に相談してはどうかと言われた。事を大きくせずに、ただ事実を認めて謝ってもらい、元通りになって、部隊に復帰したかった。求めていたのはそれだけだった。しかし、それが認められないなら、ちゃんと警務隊に捜査をしてもらおうと、考えを改めた。セクハラの域を超えた刑事事件として扱うべきものではないかと思い始めていた。警務隊の捜査の結果、事件性が認められれば、警察と同様、送検されることになる。

9月上旬、自衛隊仙台病院のメンタルヘルス科（精神科）を受診した。被害を受けてから動悸と不眠、フラッシュバックに襲われた。診察に当たってくれたのは男性の医師だった。

「ああ、そうなんですか」とそっけなく相槌を打ちながら、パソコンの画面の方に目を向けてカチャカチャと何かを打ち込んでいた。

　診断書には「適応障害のため、令和3年9月7日より3か月間の療養を要する」と書いてあった。睡眠薬と動悸を抑える薬が処方された。

　こうして定期的にメンタルヘルス科を受診するようになった。実家から約1時間かけて通う途中、電車で隣の席に男性が座っただけでもフラッシュバックを起こしてしまい、動悸で苦しくなった。

　倒れそうになって、自衛隊仙台病院までたどり着けなかったこともあった。なんとか、たどり着いても、この病院に来る患者はみんな迷彩服を着ていて、わたしだけが私服のジャージーだった。迷彩服を見るだけでも嫌だったし、悪いことをしているわけでもないのに休んでいるという後ろめたさから、ずっと下を向いていた。

　この中に中隊の人がいたらどうしよう、誰かに見られているんじゃないだろうか、といった恐怖も付きまとってきた。

復職に向けて

9月13日、警務隊の聞き取り調査のために郡山駐屯地に向かった。駐屯地の門番を、自分の所属している中隊が担当しないように調整してもらった。休んでいるのに顔を出したことがバレたら、すぐ中隊内で噂や憶測が広まってしまうからだ。なによりも、仲間を切り捨てるような中隊の人たちの顔を見たくなかった。

警務隊からは、捜査員と書記係のふたりが来ていた。机の真ん中には新型コロナウイルスの飛沫を防止するための透明なアクリル板が置かれていた。捜査員からの質問に答えていると、書記係がこっくりこっくりと頭を揺らしだした。メモするそぶりを見せながら、居眠りをしているのだ。何回も手に持っているペンを机の上にコロンと落としていた。

内心では「クソ」と思いながら、この書記係はついてきただけで、あまり関係ない人なのだろうと割り切って聞き取りに答えた。

そして、捜査員はわたしの話に耳を傾けながらも、次のように言った。

「警察と違って、警務隊には逮捕する権限がないんだ」

その時のわたしは、そういうものなのかと受け止めてしまった。しかし、後になって知ったことは、警務隊員は警察官とほぼ同等の権限を有する司法警察員だということだった。彼らは自衛隊内で刑事事件が起こった場合には検察庁への送致を想定して捜査することはもちろん、被疑者に証拠隠滅・逃亡の恐れがあれば裁判所への逮捕令状請求を経て法務省や警察署の拘留施設を借りることもできる。

ただし、警察並みの権限をもっていても、彼らが実際に組織内の不祥事を取り締まる自浄能力を持っているかはわからない。

5日後、実況見分で8月に受けた被害を再現するために再び郡山駐屯地に行った。加害者に見立てた人間とダミー人形を使い、首に両手を当てて倒れる瞬間など細かい動作を確認しながら再現した。

警務隊に、わたしの被害はどんな罪として被害届を出せるのかと聞いた。

「強制わいせつに当たるんじゃないか」

そこで重要になるからと、こう聞かれた。

「相手の陰部は勃っていましたか」

「……。はい、勃っていたと思います」

「相手の陰部のどこの部分が当たっていましたか」

なんて答えればいいのか、思考が停止した。そこは相手に聞いてほしかった。陰部を押し当てられている感触はあったが、それが勃っていたかどうかや、どの部分だったのかまでは被害者に確認する必要があるのだろうか。仮に勃っていないなら向こうは無罪を主張するのか。

警務隊からは、訓練を理由に、すぐには男性隊員たちを事情聴取できないと言われた。随時行うということだが、刑事事件の捜査よりも訓練を優先させていた。時間稼ぎをしているように思えた。こうしている間に人の記憶はどんどん薄れていってしまうというのに、どうして早急に対応してくれないのだろう。

この日は、母が郡山まで自動車で送り迎えをしてくれた。被害の詳細を掘り起こしたうえに、想像もしたくない相手の勃起状態まで答えなくてはならないなんて……。ひどく疲れた。

捜査の結果を待っている時間がもどかしかった。眠れなくて、処方された睡眠薬を飲んで寝た。眠りについても、崖(がけ)から突き落とされる夢で何度も目を覚ました。日中は、被害の光景が頭をよぎって、起き上がれなくなった。いったいいつになったらこの問題が解決するのかという不安に駆られていった。

そうこうしているうちに、母は、わたしの復職について、入隊する時に相談していた広報官に話を持ちかけていた。その広報官は、仙台駐屯地にいる女性隊員たちに話をつけて、わたしを受け入れる態勢を整えようとしてくれていた。その思いに背中を押され、日ごろから通院や手続きについてやり取りをしていた郡山駐屯地の男性2尉に転属の希望を伝えることにした。

10月22日、わたしは男性2尉にこうメッセージを送った。

「この生活は先が見えなくて、苦しくて、早く解決して前に進みたいです。仙台駐屯地には、知り合いの隊員もいるので、そこなら不安がないと思います。他の駐屯地になってしまうことを考えたら、わたしは自衛隊自体をあきらめて、就職したいと考えています。時間がかかればかかるほど、不安が消えなくて、自衛隊で働きたいとは思えなくなってきました。自分でも何が一番いいのかわからないです。親と広報官からは『里奈のために動いているんだから』と言われすぎて、逆にプレッシャーに感じて、もう嫌になってきています」

男性2尉からはこう返事がきた。

「思っていることを打ち明けてくれてありがとう。まず、わたし、もしくは大隊長を交えて相談しようか。それから今後どうすればいいか、またどうすることが五ノ井にとって一番いいのかを考えましょう。

ひとつわたしからのアドバイス。今後、自衛隊として仙台駐屯地で勤務、または他の駐屯地で勤務、自衛隊を退職して新しい仕事につく。基本はどれも初めての場所で、初めての職場で、初めての勤務だからネ。そこは心してください。少しプレッシャーになる言い方かもだけど本当のことなので……。ただ、ひとつだけ言えることは、自衛隊はどこへ行っても自衛隊で、五ノ井が入隊してから学んだことは、基本はどこに行ってもおおむね同じということ。わたしは今まで約10回転属したけど、最初は当然のこと緊張から始まり、あとは自衛隊って感じ」

わたしは、こう返した。

「ありがとうございます。ただ、何が不安かというと、セクハラだけです。自衛隊にセクハラがない、一番安全なところは広報官がいるところだと聞いたので、広報官のいる仙台駐屯地を言いました。どうしても自衛隊は男社会なので、この先も自衛隊を続けるのであれば、最初は少しでも安全・安心できるところである広報官のいる仙台駐屯地で自衛隊を続けたいです。仙台駐屯地以外を考えるとしたら、自分の不安が少しでも楽になるために、自衛隊から離れて、また一から違う職業について前を向いて頑張ることかな、と考えています。（男性）2尉の言葉を忘れずに、どの道に向かっても、自分を強く持って仕事していきたいと思います」

その後、わたしは「すぐにでも仙台駐屯地の方に転属したいです。大隊長にお伝えいただきたいです」とお願いした。しかし、母と広報官の気持ちに応えて前に進みたいという思いと、迷彩服を見るのが怖いのにどうやって平常心を保ったまま再出発するのかという不安がないまぜになっていた。

悩んだすえ、仙台駐屯地への転属の話はいったん白紙にした。

給料減額

11月、自衛隊仙台病院を受診し、療養の延長が必要という診断を受けた。このころ、先の見えない生活に絶望して、苛立ちを抑えきれなくなって、母に当たってしまうことがあった。一緒に家にいると息が詰まった。

少し環境を変えたいと思い、自衛隊仙台病院の医師と大隊長の許可を得て、兄夫婦が暮らしている名古屋で1か月ほど静養することにした。

名古屋では、兄の知人を介して弁護士を紹介してもらった。だが、一度の無料相談しかできなかった。着手金だけでも30万〜40万円かかると言われた。これに加えて交通費や印刷代などもかかってくるという。そんなお金はなくて、現実的に弁護士を雇うことは不可能だった。

しかも、追い打ちをかけるように給料の減額にも遭っていた。自衛隊側からは、12月分の給与と賞与は満額払われ、翌年1月から減額されると聞いていた。だが、12月から減額されていた。担当者に事情を聞いたら、伝え間違えで実際は12月から減額するとのことだった。

加害者たちはいまでも野放しなうえに、変わらず給与を受け取っているというのに、わたしは通院しながら捜査の結果を待っている。どうして被害者がこうも不利な立場に追いやられるのだろうか。そう思うと、さらに気持ちが萎(な)えていった。

名古屋で年を越し、2022年1月に東松島へ帰った。相変わらず自室に引きこもる生活が続いた。震災の時に助けてくれた女性自衛官みたいに活躍しながら、好きな柔道を続けられるはずだったのに、いまでは抜け殻のようになってしまった。

死のうかな……。

何度もそう思うようになっていた。自転車をこいで、ブレーキをかけずにそのままどこかへ突っ込んでしまおうかと想像するようになった。

2月22日、郡山駐屯地の大隊長と男性2尉らが東松島に来た。そこで岩手駐屯地への転属を提示された。この前の週、大隊長に改めて転属したいと希望を伝えていた。ただし、復職するなら郡山駐屯地か岩手駐屯地という選択肢しかなかった。

わたしが所属していた郡山駐屯地の東北方面特科連隊は、岩手駐屯地にある東北方面特科連隊と交流があり、合同で訓練することがある。つまり、同じ東北方面特科連隊同士なので、訓練先で加害者たちと鉢合わせることが容易に想像できた。まだ捜査が終わっていない段階で加害者たちに遭遇したらどうなるのか。考えるだけでも身震いがした。

男性2尉に相談したら、「岩手は連隊長のお膝元だから、（加害者たちと）会わないようにする」と言われた。だが、売店などでばったり遭遇してしまうかもしれない。

まだ通院中で、迷彩服を見るのも怖かった。しかし、岩手駐屯地に行けば柔道が続けられるという。行きたいけど、怖い。気持ちが揺れた。

大隊長に、岩手駐屯地以外の場所をお願いしてみたら、「それはちょっと厳しいんだ」と断られた。全国に駐屯地はあるのに具体的な理由はなかった。

岩手駐屯地に行くか、退職するか。この2択しかなかった。よりによって岩手駐屯地しかないという融通の利かなさに落胆した。岩手に行っても、大隊内で情報は筒抜けだ。

岩手駐屯地では、わたしの被害内容について書かれた報告書が出回っていた。「女性自衛官の服務指導態勢の具体化に関する方向性について」と題して、わたしの被害が参考事案として取り上げられていた。その報告書には、被害当時21歳だったのに「未成年」と書かれるなど、誤った情報が記載されたまま被害の内容が流布されていたことで余計な混乱を招いた。

それを発端に、わたしが6人の男にレイプされたなどという事実無根のひどい噂が大隊内に流れてしまった。閉鎖的な自衛隊では、とんでもない噂まですぐに広まる。岩手駐屯地に行って、何もなかったかのように復帰することは絶望的だった。

岩手駐屯地に行くか、行くまいか。悩んだすえ、3月7日に転属を断った。もう退職しかないと思うと、将来が見えなくなってしまい、さらに精神的に不安になっていった。

「闘わなきゃ」

3月16日夜9時過ぎ、母に「スーパーに行ってくる」といって家を出た。ふらっと自転車をこいでスーパーに行き、その帰り道、何かにとりつかれたかのように「消えたい。死にたい」という声が頭の中で渦巻いた。

いますぐこのまま車に突っ込みたい。それか突っ込んでほしい。

そう思いながら、目をつぶって、夜風に身を任せて自転車をこいでみた。けれど、死ねずに家にたどり着いてしまった。お風呂に入ったら、また死にたいという思いが強くなってきた。お風呂を上がってから、死ぬ覚悟を固めた。自室のベッドの上に正座した。どうしてこんなことになっているんだろう。

壁を何度も殴った。自分の顔も頭も何度も殴った。自分を責めるように、やり場のない怒りを壁や自分の身体にぶつけた。いくら殴っても死ねなかった。ふと、目を落とすと、ベッドのそばに延長コードが転がっているのを見つけた。

これを首に巻いて死のう。延長コードを首に巻いた瞬間だった。

カタカタ、カタカタ……。

軽い地震がきた。体感では震度4くらいだった。これくらいなら大丈夫だろう、と思った。すぐにまた揺れだした。

ガタガタ、ガタガタ、ガタガタ、ガタガタ……。

今度はとてつもない大地震がきた。さっきの揺れは余震で、こっちが本震だ。23時26分ごろに福島県沖を震源とする震度6強、マグニチュード7・4の地震が発生した。東松島は震度6弱だった。家の中にある物が倒れるほど強い揺れだった。

この瞬間に東日本大震災のことを思い出し、はっと我に返った。

生きたくても生きられなかった人がたくさんいたのに、わたしは何をしているんだ！　生きなきゃ！　そう思うと同時に、神様に許しを請うように手を合わせた。

死のうとしてごめんなさい。お願いだから、地震をやめてください。

大地震が起きる前は死にたかったのに、急に死ぬのが怖くなった。これは、神様からの「生きなさい」というメッセージなのかもしれない。

長い揺れのなか、家が崩れる前に外に避難しなければならなかった。茶の間に行って、愛犬のモナカを抱え、母と外に出た。

いつもだったら、わたしが母に「これくらいの地震なら大丈夫だよ」と言っていたのに、この揺れは、11年前に被災した時の記憶を走馬灯のようによみがえらせた。わたしは、呼吸がうまくできなくて、過呼吸になってしまった。

すぐに津波注意報が出た。近所の人もみんな外に出てきた。近所の母親が小さい子どもふたりを自転車に乗せて避難所に向かおうとしていた。幸いにも、この時の津波はそれほど高くなく、間もなくみんな冷静さを取り戻していた。

近所のおじさんが、呼吸が落ち着かないわたしに気が付いて、「大丈夫だから」となだめようとしてくれた。性被害のことだけじゃなくて、震災のこともフラッシュバックするだなんて、思ってもいなかった。震災の時はまだ子どもだったから、それほど状況を理解できていなかったと思っていたが、心の奥底で眠っていたトラウマが急に姿を現したみたいだ。

過呼吸で死ぬほど息が苦しくなって、震災で亡くなった人に対して申し訳なくなった。それに、このまま性暴力に負けたくないとも思った。どうして加害者が野放しにされたまま組織に守られ、被害者が泣き寝入りしなければならないのだろう。自衛隊内の性暴力は、わたしだけが被害者ではない。他の女性隊員も犠牲になっている姿を見聞きしていた。自分だけが逃げて、そのまま仲間を見捨てるなんてことしちゃいけない。

別の駐屯地では状況が違うかもしれないけれど、少なくともわたしの中隊では加害を見て見ぬふりして、誰も正そうとはしなかった。このままでは、残された女性隊員だけでなく、希望を持って入隊する未来の新隊員までもが同じような被害に遭い、志半ばで自衛隊でのキャリアを閉ざされ、次の犠牲者が生まれてしまう。もう二度とわたしのような経験をする人が出てほしくない。

強い思いが芽生えた。

闘わなきゃ。あいつらを絶対に許さない。

死ぬ気で立ち向かうと覚悟を決めた。加害の事実を認めさせ、謝罪させる。性暴力がどれほど被害者を苦しめるのか、その重みを真摯(しんし)に受け止めてほしい。何より再発防止につなげたいと思った。

わたしは心の帯を締め直し、男社会の巨大組織を相手に闘うことを決めた。

4 ／ 闘い

「捜査の妨げ」と言われ

刑事事件として警務隊に被害届を出してから半年経っても、起訴するか否かを判断する検察官から取り調べなどの連絡が来なかった。4月4日、管轄の福島地方検察庁郡山支部の担当の男性検察官に電話した。警務隊の捜査における記録の情報開示やコピーをとれるかを知りたかった。先に警務隊長に電話して聞いたら「渡すことはできない」と言われていた。間違いないかを検察にも確認したかった。

やはり、男性検察官も、被害者であっても「捜査書類を渡すことはむずかしい」と言っていた。そもそも書類自体は届いているのか尋ねたら、男性検察官はこう言った。

「自衛隊の方から供述調書は来ています。写真（実況見分調書）とかも来ています」

「（書類が）上がったあとに、検察庁の方から連絡が来ると（自衛隊側から）言われてから、もう半年くらい経っていて」

「ああ、そうですか。（自衛隊から供述調書が）出てきたのは今年に入ってからです」

この返答には驚いた。前年の9月に警務隊の聞き取りを受けて被害届を出したのに、検察に書類送検されたのは「今年」だというのだ。思わず聞き返した。

「今年に入ってから書類が来たんですか」

「はい。自衛隊での捜査が終わってから、書類が送致されるものですので。自衛隊が五ノ井さんから聞いたのは、もっと前だったのかもしれませんが、事件として送られてきたのは、今年に入ってからになっています」

男性検察官は続けた。

「それでですね、私の方からいずれ直接お話を聞きたいと思っていました……」

「いずれ聞きたい」という検察官の姿勢にも疑問を抱いた。仮にもし、わたしがいま電話を入れていなければ、この検察官は連絡すらしなかったのかもしれない。

捜査中とされる間、一日でも早く事実が認められることだけを願ってきた。それなのに、被害者が連絡を入れなければ、検察官は動いてくれないのだろうか。わたしは、怒りにあふれる気持ちをこらえて、検察官に会いに行く日程を調整した。4月21日の午前中に福島県まで行き、調書の読み上げなどを受ける段取りになった。

同時期、母は、4月に赴任してきた新しい大隊長に対して、加害行為をした3曹の男性隊員3人と、それを見て笑っていた監督責任のある2曹と1曹の計5人に直接会って話をしたいとお願いしていた。

母は、「直接会って、白状させれば早い話なんだから。おっかあが、ひとりずつ呼び出して問いただすわ」と言って、大隊長にいつにするか電話を入れた。

しかし、大隊長は「検察の判定が出てから考えるのが妥当だと回答させていただきたい」と言った。

母は不満げな面持ちで、「こないだと話が違うんじゃないですか」と大隊長を問い詰めた。

「大隊長さん、5人の意思を確認したうえで、双方が了解すれば、会えますって、言われましたよね。まず、A3曹は、何て言っていたんですか。大隊長さんはお会いしたんですか、それとも電話ですか」

「会いました。本人の回答については個人情報に当たりますので、回答できません」

個人情報を盾に、男性隊員の意向を教えてもらえずに押し問答が続いた。

「大隊長さんが、それぞれに意向を聞いたんですよね」

「はい、聞きました。A、B、C、D……」と名前を続けるなかでひとりの名前を間違えた。

赴任してきたばかりとはいえ、それだけ焦っていたのか。それとも関心が薄いから間違えたのか。大隊長は、母の問い詰めに押されて、ついに苛立ちをあらわにして「現在捜査中ということで、捜査の妨げになる可能性がある」と言い放った。

母は、「それは誰の意見ですか」と聞いたら、大隊長はむきになって答えた。

「一般的にですよ！　捜査の妨げになっています。いま捜査中だっていうのを、お母さんは承知はしているってことですよね」

つい先日、「警務隊に確認します」と言ったのは大隊長だった。どうしてこんな言い方に変わるのか。

この電話の前、大隊長は母に対して「お母さんの都合はいつがいいですか」と聞いて、会う方向で進めていたのだ。「4月なら11日、それ以降だったら調整が必要」という具体的な日取りまでやり取りしていた。それを翻した大隊長の対応に、母は納得できていない様子だった。

自衛隊にまかせていてもらちが明かない。これなら外の警察に届け出た方が適切に対応してくれるのではないかと思った。

4月9日に警察に通報しようとした。だが、警察からは「自衛隊内の事件は警務隊が捜査することになっている。すでに検察庁に上がっているのなら警察は介入できない」と、そっけなかった。外の警察にすら頼ることができない。

期待は薄かったが、自衛隊の「ハラスメントホットライン」にも相談してみた。警務隊の捜査について、万が一、不起訴になった場合に上告できるのかどうかを聞いた。

ハラスメントホットラインの男性相談員は穏やかな口調で答えた。

「ごめんなさい。ちょっと警務隊について責任を持って答えられないんですけど、そこは警務隊に直接聞いてもらいたいところです」

続けて相談員は「(この窓口は) 警務隊にこうやってくださいという権限がなく、いわゆる懲戒処分につながるような調査をする」ということを事務的に説明した。自衛隊の組織内で処分を行うための調査ならできるらしい。自衛隊内で起きた犯罪について捜査する権限を持つ警務隊とは役割が異なる。

やはり、一度警務隊に被害を届けたら、ハラスメントホットラインに相談しても意味をなさないようだ。当時、このホットラインは、あってないような存在で、相談したところで何も対処してもらえないことは、隊員にとって周知の事実だった。

この時には、もう自衛隊や検察庁にゆだねて、事実が認定されるまで待っている時間が無意味だと思うようになっていた。検察庁に対しては、公正な結果が出ることを期待する気持ちは残っていたが、もし不起訴になったらどうするのか。このまま泣き寝入りするのか、闘うのか。闘うなら、勝つためにはどうするべきか。そう考えだしていた。

不起訴処分

4月下旬、もう自衛隊を辞める意思を固めていたわたしは、事務的な連絡を取り合っていた郡山駐屯地の男性2尉に大隊長との面談を申し入れた。男性2尉らは、4月27日に東松島まで来てくれることになった。

この面談の2日前、男性2尉に依頼退職の旨をメッセージで伝えた。

「今後については、検察庁の結果が先に出ても出なくても、6月いっぱいで退職させてください」

そして、こう続けて綴った。

「わたしは今まで嘘は言っていません。セクハラがあったのは事実です。日常的にあったのも事実です。それは見ていた人もいますし、実際にやられていたＷＡＣの先輩もいました。2尉は信じてくれるかわかりませんが、北海道の件は、たとえわたしが死んでも絶対に嘘はついていません。すべて事実ですが、ＷＡＣはわたしひとりで、男性隊員は数十名。人数も人数なので、隠蔽されてしまうのが現状です。

もう自衛隊に誰ひとり、わたしの味方はいませんが、わたしは2尉があちらの肩を持たずに平等に接してくれていると信じています。でも、わたしは絶対にあきらめたくないので、最後までできる範囲で闘います。いまは、当事者たちが隠していても、不起訴になってしまったとしても、いつか必ず真実を明らかにしたいと思っています。

わたしは努力を続けていきます。そして、このまま休職中が続いては、精神的にもきつく、心も身体も持ちません。なので、退職して、誰の目も気にせずに生活したいので、辞めさせていただきます。このセクハラのせいで、人生が変わってしまい、お先真っ暗な日々ですが、退職することは、わたしの精神が安定する一番の方法です」

こうして、面談当日を迎えた。東松島にあるファミリーレストラン「サイゼリヤ」で、母も同席し、退職の意思を改めて伝えた。母は納得できていない様子だったから、もう一度検討することにはなった。わたしの気持ちはもう揺らいでいなかった。

そして、ゴールデンウイーク明けの5月6日、改めて依願退職を申し出た。書類など、退職に向けた手続きを進めることになった。

これでやっと前に進める。

そう思った矢先に検察庁の結果が出た。

6月2日、愛犬モナカと散歩に行こうとしていた。行く前にポストの中を覗いた。すると、1枚の封筒が入っていた。検察庁からだった。ずっと待ち望んでいた封筒は、とても薄っぺらくて、胸騒ぎがした。近くにあるベンチに座って、封をあけた。

そこには、3行にも満たない文章でこう書いてあった。

「C、D、Aに対する強制わいせつ事件（事件番号Q号）を、令和4年5月31日、不起訴処分としたのでお知らせします」

犬の散歩をやめて、涙を堪えながら家に引き返した。しかし、母の顔を見たら、涙があふれてしまった。母は、わたしを優しく抱きしめてくれた。

理由が一言も書かれていなかったから、福島地方検察庁郡山支部の担当の男性検察官に電話して「どうして不起訴になったのか」を聞いた。

「五ノ井さんの話が嘘だとは思ってはいませんが、被疑者を有罪にするためには、それなりの証拠が必要です。何人か被疑者を含めて取り調べをしたのですが、五ノ井さんを首ひねりという技で倒すところは見たけれども、腰を振るようなわいせつな行為をしているところは見ていないとか、そもそも技をかけるところも見ていないとか。五ノ井さんがお話ししたことと同じような内容を供述してくれる者が一切いません。五ノ井さんがおっしゃっていた男性隊員にもお話を聞きました。口裏合わせとして、B2曹が全体に対して、『これからヒアリングがあるけれども、時間がいっぱいかかっちゃうから、そんなに詳しく話すなよ』みたいな話をしたということでしたが、実際に五ノ井さんに対してわいせつなことがあったけれども、そういったことがなかったようにしゃべるな、という内容でもなかったようでございまして……」

「そういうのはB（2曹）さんとかに聞いたんですか」

「五ノ井さんのお話だけで、他のたくさんの人が言っている内容を覆して、被疑者たちを有罪にする証拠は、集められていないということで、不起訴にしました」

納得できなくて、必死に食い下がった。

「でも、男性隊員から口裏合わせがあったという証言が出てきていたんですよ。そのことは、ちゃんと当事者に当たる人を呼んで、調べてくれたんですか」

「五ノ井さんの言っている被害状況があったと証言してくれるのであれば、それは有力な証拠になるけれども、『ヒアリングが長くなるから、あまり詳しいことはしゃべるなよ』と言ったからといって、被害状況をB2曹が認めていたということにはちょっとならないので。そこまで有力な証拠ではないと、わたしとしては考えておりますが……」

そこで「新しい証言を提出したい」と説明しようとしたのを遮るように、男性検察官は話しだした。

「誰かが目撃していて、お話しするようになったというなら、再考の余地はあると思いますが、言った、言わないの話は、どこまで証拠価値があるのか。もし不満があるのであれば、検察審査会に申し立てていただければと思います」

検察官とのかみ合わないやり取りに、悔し涙がにじんできた。

不起訴理由は嫌疑不十分だった。少なくとも「首ひねりという技で倒す」ところを見ていた人がいたというのに、どうして腰を振った場面を見ている人が誰もいないのか。ただ技をかけただけで笑いが起きるわけがない。その続きに腰を振る動作があったから、男性隊員たちが笑ったというのに……。

この不起訴処分の結果により、母が大隊長に懇願していた男性隊員５人と対面する話はなくなった。

わたしは闘うと決めてから、静かに内部の人に声をかけ、内密に証拠になりうる証言を自分で収集していた。ただ、わたしがどんなアクションを起こすのか、自衛隊側に動向が読まれないように細心の注意を払った。

協力者になってくれた人も、立場が危うくなればすぐに手のひらを返す。それは織り込み済みとして、いかに協力者から情報を引っ張り出せるかが肝心だった。一時でもこちらの協力者になってくれた人が、自衛隊側から内通者として何か別の要件で言いがかりをつけられて、処分されることがないように配慮しようとは思っていた。

こうして、地道に追加の証拠を集め続けながら、６月７日付で検察審査会に対する審査申し立ての書類を福島地裁に提出した。本来ならば、弁護士が書くような書類らしい。雇うお金もないから、ネットで記入例などを見て書いた。ひとりで被害内容の詳細を綴っている時は、心が折れそうだった。

6月10日、男性2尉が依願退職の書類を持って東松島にきた。男性2尉は、母に書かせる同意書を差し出した。

「本当は、僕もこういうのはどうかと思うんだけど。でも、辞めるにはこの同意書が必要だから」と男性2尉は言いながら、記入例と一緒に母に渡した。

五ノ井里奈の退職する意思を尊重し、退職することを同意します。また、一切の異議を申し立てません。

令和4年6月10日

母は、深いため息をつき、泣きながら記入例通りに同意書を書いた。

「一切の異議を申し立てません」ということは、つまり「黙れ」と言われているようだった。

わたしは、男性2尉と一緒に自衛隊仙台病院へ向かった。医師に診断書をもらうためだ。精神疾患により休職している隊員が依願退職するには、その意思表示が病状に影響されたものではないことを医師に診断してもらう必要があると言われていた。適応障害はまだ改善していなかった。だが、医師の前では症状が落ち着いているように装い、診断書を発行してもらった。

そして、男性2尉は、病院の1階で退職願の申請用紙を差し出した。男性2尉は、すすり泣きをしながら言った。

「こんなのを書かせて申し訳ない……」

わたしは、悔しさを押し殺して、その場で退職願を書いた。申し訳ないという気持ちがあるのならば、隊員が辞めなくても済むように対応してほしかった。

6月27日、退職のあいさつをするために、郡山駐屯地に行った。女性隊員の隊舎に行き、棒付きキャンディを渡してこれまでの感謝を伝えた。最後は、みんなが知っている明るい姿の自分を見せたかった。女性隊員たちは寄せ書きを用意してくれていた。

「天真爛漫（てんしんらんまん）でユーモアがあって、ちょっとばかりすべるギャグはおもしろかった!!（笑）五ノ井の活躍を期待しているよ!! 頑張ってね！ たい焼きまた作って！」

女性隊員たちと笑い合って過ごす日々は、かけがえのない時間だった。中隊での日常的なセクハラを忘れさせてくれる唯一の救いだった。こんな形で去るのは悔しいが、わたしの心は、もう決まっていたから、晴れやかにお別れした。

女性隊員たちに向けて、心の中でこう宣言して隊舎を去った。

「逃げずに最後まで闘って、変えてみせる」

最後に、大隊長のもとにあいさつをしに行った。4月に着任したばかりの大隊長は、「二度と起こらないように変えていくから」などと言っていた。

わたしは、「わかりました」と頷(うなず)いた。

もう遅い——声には出さなかった。

メディアからの冷たい反応

6月28日、退官日。

わたしは、3月16日に起きた地震の時から、徹底的に闘うと決めていた。だから、この日までにあることを準備してきた。

最終手段の告発だ。

警務隊と検察に頼っても事実は明らかにされない。外の警察にも届けられない。ならば、世論に訴えかけるしかなかった。

そのために、まずは世に出なければはじまらない。自衛隊内での性暴力を告発しようとして、テレビのキー局に取材してほしいというメールを送り続けた。しかし、どこからも返事が来なかった。物証はなく、ひとりの被害者の証言だけで、目撃者も否定している段階だったから、相手にされないのも当然だった。

次にユーチューバーを探した。後に雑誌系の記者と何気ない会話のなかで「テレビがダメだとわかってから、なぜ週刊誌をすっ飛ばしてユーチューブに持ち込んだのか」と聞かれたことがあった。当時まだ22歳だったわたしは、週刊誌の存在を知らなかった。紙の週刊誌を手に取ったこともなければ、ネット記事の出典が週刊誌であることすら、よくわかっていなかった。それに活字よりも映像の方が世間に伝わると思った。

わたしは、さまざまな告発系のユーチューブを観ているうちに「助かる命を助けるために」というミッションを掲げて活動するユーチューブチャンネル「【消防防災】RESCUE HOUSE レスキューハウス」を見つけた。すぐにダイレクトメールを送って、協力してほしいとお願いした。すると、「一度お話を聞きたい」と返事がきた。レスキューハウスのある大阪に行く段取りを付けた。

行く前に、わたしはスマホを片手に過去の性犯罪事件を手当たり次第に調べた。告発している人たちの動画を参考にして、どう話せば世間に伝わるのか。逆にどういう伝え方をすると叩かれるのかも研究した。そこからわたしが心得たことは次のふたつだ。

其の一、泣かない。

被害者が悪いわけではないけれど、泣きながら被害を訴えた人に対する誹謗(ひぼう)中傷がひどかった。視聴者目線で考えた時に、涙ながらに訴える「悲劇のヒロイン」は、同情を誘っていると思われ、冷めた目で見られる可能性があった。それに、感情が高ぶって泣いてしまったら、伝えなければならない事実がしっかりと視聴者に届かないと思った。卑劣な事実に対して、視聴者に目を背けてもらいたくなかったから、感情を排除した顔で伝えるように心がけることにした。それでも、どうしても涙は堪えられないこともあるから、事前に伝えたいことを文字に書き出したりして練習した。

其の二、隙(すき)を与えない。

「勇気がなくて警察に行けなかった」などという発言が、被害者の落ち度として叩かれることがあるということにも留意した。これも被害者の心情としては理解できるけれど、「告発する勇気があるなら先に警察に行け」という心ない反応が跳ね返ってくるケースがあった。だから、自分にも過失があったという隙を見せないように、わきを固めて起きたことの事実を淡々と説明できるように準備していった。

わたしは、とにかく事実を認めてもらうことに必死だったから、名前も顔も包み隠さず、さらけ出すことにした。実名・顔出しが正解というわけではない。後に誹謗中傷にさらされることなど、この時にはそれほど危惧していなかった。できるなら、実名・顔出ししなくてもいいような社会になってほしい。だが事実を訴えるのに、他に手段がなかった。

こうした準備をして、レスキューハウスの事務所を訪ねた。ディレクターや出演者たちは配信にはリスクがあるという。告発することで性被害者としてのレッテルが貼られることや、それほど反響がないかもしれない、ということも説明された。

わたしは、「それでもいいです」と腹をくくって言った。

「なにを言われても構わない覚悟を持ってきました。大阪まで来て、引き下がるつもりはありません。加害者たちから謝罪をもらうこと、そしてわたしと同じような思いをする被害者を出さないために再発防止を訴えたいです。わたしの行動によって、何か救える命があると思うので協力してください。最後まで闘う覚悟はあります。お願いします」

「そこまで本気なら、いまから撮影しよう」

出演者たちと公園に行って、小雨が降るなか、カメラを回して撮影をはじめた。初めての撮影に緊張して心臓が飛び出そうになった。あれほど事前に研究してきたのにうまく活かすことができず、ただただ硬直してしまった。

出演者の「タイチョー」さんが、撮影中に「加害者に電話しよう」と言ってきた。急な振りだったので驚いた。全身に汗をかきながら、「闘うにはやるしかない」と、意を決し、加害者3人にその場で電話をした。怖かったけれど、聞き出さないと前に進まないから、気合で問い詰めるしかないと思った。この時、わたしは、事実を認めてくれるのではないかと、少し期待していた。いまここで認めて、謝罪してくれれば、告発動画を世に出さずに踏みとどまるつもりでいた。

トゥルルル……、トゥルルル……、トゥルルル……。

「はい」

　Ｃ３曹が電話に出た。

「もしもし、お久しぶりです。Ｃ３曹、お時間いま大丈夫ですか」

「あれ、誰ですかね」

「五ノ井です」

「おおお！　お久しぶり」

「話したいことがあって、去年の８月の北海道の話なんですけど、Ｃさんは自分に腰を振ってきたじゃないですか」

「振っていないよね」

「振ったじゃないですか」

「なんの話なん」

「なんの話というか、去年の８月に先輩方と訓練が終わった後に飲み会があったじゃないですか」

「……あったね、食事会みたいなね。飯食ったりね」

「その時にお酒も飲んでいたじゃないですか」

「おれ、その時は飲んでない。美酢（ミチョ）飲んでた、美酢」

「F1曹たちが首をキメて倒す話をしていたじゃないですか」

「おれ、その時いなかったよ」

「してたんですよ。それで、自分の首を触って、そのまま倒して覆いかぶさって、腰振って、ひとりで喘いでいたじゃないですか」

「やってないけどね」

「わたしもやられてなければ、こんなこと言いませんよ」

「何が言いたいの」

「なんでそういうことをしたのかなと思って」

「いま？　なんもやってないけど」

「やったじゃないですか。2回やられて、最後には『誰にも言わないでね』って言ってきたじゃないですか。それも聞いている人がいたじゃないですか」

「誰になん。何もやってない」

「本当にやっていなかったら、わたしも休んでいないですし、こんなことを聞いてもいないです」

「なんで今さら、そんな話が浮上してきているの」

「ちょっと代わります」

足元から震えてきた。隣にいるタイチョーが電話を代わってくれた。

「この事実があったのかどうか、Cさんは一切知らないのですか」

「やってないので、わからないです」

「その場に十数名いた。ご存じの通り。その時に3名からやられているうちのひとりがあなた。一切、その場にいなくてわからない。そういうのを見たこともない。それで間違いないですか」

「もう言ってますからね。事実確認みたいなのは、検察庁とかに」

「その検察庁とのやり取りが、結構遅いんですよ。やったか、やってないかっていうと、やっていないんですね」

「やってないです」

「見たこともないんですね」

「見たこともないです」

「他の隊員がやっているところも一切見ていないでいいですか」

「はい。そんなんやってません、うちの隊員は」

タイチョーは意気込んで言った。

「いま、五ノ井さんはすごくつらいんです」

そうしたら、C3曹はこう返した。

「おれもつらいっすよ」

「なぜ?」

「ないこと言われて」

タイチョーは、こちらに弁護士がついているかのように話して鎌をかけた。

「また弁護士を通してお話をすることになるかもしれないですけど……」

「弁護士がもういるんですか?」

C3曹は、わたしに弁護士がついているのかを執拗に聞いてきて、「まだ確実に雇ってないですね」「これからやる予定ですか」「闘うんすか」と強い口調でタイチョーに迫っていた。

ここでもう一度、わたしが電話口に出て、声を振り絞って聞いた。

「ちゃんと事実を認めて謝ってくださいよ」

「いや、俺はもう本当のことを言ってあるので。もうそれで書類も出しているので。切りますよ」

「わかりました」

「いや、わかりましたじゃなくて、事実はもう全部警務隊の方に言ってあるので。事実をもとに闘ってもらえれば」

「本当に悲しいです……。ありがとうございました」

「ありがとうございました、の意味がちょっと俺にはわかんないっすけど」

こうして電話は切れた。しばらく震えが収まらなかった。C3曹の「なんで今さら」という言葉が引っかかった。今さらそんな話を蒸し返すな、ということだとは思うが、あの事件があったことを半ば自覚しているようにも聞こえた。C3曹にとっては、「今さら」でも、わたしにとっては、あの日から時間が止まっていて、ずっと苦しめられている。

C3曹から訴えられることを回避するため、動画内では誰も電話に出なかったということになったが、ここでは実名を伏せて会話の内容を記録しておきたい。

わずかばかり期待していた謝罪がもらえなくて悲しかったが、そのせいで再び闘志に火を付けられた。

徹底的に闘わなきゃ――。

撮影後に出演者たちと大阪王将に行って、「絶対勝つぞ！」と乾杯した。

このC3曹への電話後、中隊内では、加害行為について「見ていない」「やっていない」という口裏合わせのような指示が出され、「五ノ井と連絡を取るな」というような箝口令が敷かれたと、内部の人から聞いた。こういう時ばかり、妙な団結が隊員たちに生まれる。

火ぶたが切られた

つぎに、別のユーチューブチャンネル「街録ch～あなたの人生、教えて下さい～」にも出演することになった。

撮影のために宮城から新宿駅まで向かった。電車を降りて待ち合わせ場所に向かおうとしていたら、駅を出てきたところからディレクターの三谷三四郎さんはカメラを回していた。その場で、手土産として持ってきた宮城の名菓「萩の月」を手渡した。

「レスキューハウス」の時は緊張してしまい、うまく話せなかったから、「街録」ではは冷静に受け答えができるように心がけた。インタビューを受けている約50分間は、絶対に泣かないようにして、淡々と事実を語った。

三谷さんは、すぐに被害の話に入らずに、人生をさかのぼって順序だてて話を聞き出してくれた。そのおかげでうまく喋れたような気がした。

こうして用意していたユーチューブの告発動画２本は、自衛隊を辞める６月28日まで寝かせていた。それまでに事実が認められれば、動画を配信するつもりはなかった。だが結局、退官日までに事実が認められることはなかった。

作戦決行。29日に告発動画２本を配信した。翌30日にツイッターのアカウントを開設した。瞬く間に動画の切り出しが拡散され、両動画が連動するように再生回数はどんどん伸びていった。ツイッターや動画を見たメディアから立て続けに取材依頼がダイレクトメールに入ってきた。いよいよ戦いの火ぶたが切られた。

「女性自身」「週刊文春」「ＳＰＡ！」「週刊現代」「ＡＥＲＡ」「朝日新聞」「週刊女性」から取材依頼がきた。ただ、取材直後に報じたのは、「週刊現代」「ＳＰＡ！」「ＡＥＲＡ」「週刊女性」だけだった。新型コロナ禍だったことや、当時は東北にいたため、だいたいは電話かオンラインのリモート取材だったが、ひとりの記者だけは郡山まで取材に来て、直接話を聞いてくれた。

ダイレクトメールから取材依頼をくれたメディアの取材にひとつひとつ対応している時に、世の中を震撼させる大事件が起きた。7月9日に安倍晋三元首相が銃撃されたのだ。世の中のニュースは、銃撃事件のことで一色になっていた。平和だと思っていた日本で銃撃事件が起こるとは思ってもいなかった。もしかしたら、自分も告発したことで誰かに襲われるかもしれない。そんな不安さえ頭をよぎった。

再び柔道を

7月10日、宮城県を離れて、神奈川県に移住することになった。

柔道家・小見川道大代表の「小見川道場」で働かせてもらうことになったのだ。移住する前に、柔道が大好きということと、指導者を目指していること、子どもたちと柔道を通じて一緒に成長したいという思いをメールで送っていた。すると小見川先生から面接をかねて小学生の部を見学しに来ないかと、返事がきた。

小見川先生には、陸上自衛隊を辞めた事実だけ伝え、直接会うまでは被害のことを伏せていた。いざ面談の時に被害について話すと、小見川先生は、そんなことお構いなしという感じで、「とりあえず練習しようか」と言ってくれた。

面接日に道場に来ている子どもたちと一緒に汗を流した。元気いっぱいの子どもたちに圧倒されて、エネルギーをもらった。

練習が終わってから、小見川先生が事前に用意してくれた宿に泊まった。翌日、宮城に帰る予定だった。

早朝、小見川先生から電話がかかってきた。

「いまから物件を見に行く」

「え？」

「駅まで迎えに行くから待っとけ」

5、6軒物件を見て回り、手ごろな物件をその日に契約していた。勢いもあるけれど、直感で受け入れてもらえたようだ。小見川先生は、神奈川で再出発する手はずまで面倒を見てくれた。

ちなみに、その手ごろな物件は、住んで1か月もたたないうちに風呂場のシャワーホースが破裂した。ネット通販サイトで３０００円の新しいホースを買って取り替えようとしたら、サイズが合わず、瞬間接着剤で破れたホースをくっつけて直した。

新生活には苦労したが神奈川県で生活をはじめたことで、メディア対応や活動がやりやすくなった。これが、もし宮城県にいたままだったら、交通費などがかさみ、行動に制約が出ていたと思う。

安倍元首相の襲撃事件の衝撃が収まらぬまま、週が明けた7月11日。はじめに記事を出してくれたのは「週刊現代」だった。誌面の枠が１ページに満たない小さい記事だった。12日には「ＳＰＡ！」に掲載された。そして、7月14日朝6時、「ＡＥＲＡ」のウェブ版が２本の記事を同時配信した。郡山まで取材に来た記者が書いた記事だった。

瞬く間に拡散され、著名人や国会議員にまで届いた。翌日には、野党議員が動き、防衛省人事教育局服務管理官に対して見解を求めて、得られた回答書をツイッターで公開したことで、いままで全く接点のなかった国会議員たちからダイレクトメールが入ってくるようになった。

このウェブ版の記事がなかったら、これほどまでに事が大きく動き出すことはなかったんじゃないかと思う。このころはまだ、有力な証拠や証言がなく、しかも不起訴になったばかりだった。だから、どの媒体もあまり深くは書いてくれなかった。

この翌日に「週刊女性」も続いてウェブ記事を出してくれた。そこではじめて駐屯地名を明かした。それまでは、郡山駐屯地だと特定されることに不安があった。防衛上の機密情報に触れて、逮捕されたり訴えられたりしたらどうしようという迷いから、躊躇（ちゅうちょ）していた。無料で話を聞いてくれる弁護士何人かに聞いて、問題ないということだったので駐屯地名を出すことにした。どう情報を出していったらいいのか、手探りのまま綱渡りの日々がはじまった。

オンライン署名サイト「Ｃｈａｎｇｅ．ｏｒｇ（チェンジ・ドット・オーグ）」の運営者からも声がかかった。できることはすぐにやらないと、性被害のことをセンセーショナルに報じられるだけで、そのあとにあっという間にかき消されてしまう。それでは自衛隊が動かない。

同サイトでは当時の防衛相である岸信夫衆議院議員に向けて、第三者委員会を立ち上げ、被害について公正な調査と厳正な処分を求めるためのオンライン署名を集めることになった。運営者の加藤悠二さんは、自衛隊内におけるハラスメントの実態を把握するために、自衛隊に所属していた経験がある人を対象としたアンケートも署名と同時に実施するよう提案してくれた。動画や記事の反響から、わたしのSNSフォロワーがどんどん伸びていくなかで、オンライン署名は7月21日から開始した。署名は開始から10時間で1万6000筆を超えた。

1週間後の7月27日、署名を呼びかける記者会見を池袋駅の近くにある貸会議室で開くことになった。1週間で署名は6万筆を突破していた。「個人に関する署名でここまで集まるのはこれまでにない」というほどの勢いだったようだ。

だから、きっとたくさんの取材陣が会見場に来てくれると思っていた。初めての記者会見だから、事前に話すことや、質疑応答で聞かれそうなことを考えてまとめてから臨んだ。

しかし、現実は厳しかった。

会見開始時間の午後1時を回った時、貸会議室にいる記者はふたりだった。NHKの女性記者と郡山まで来ていた記者だけ。途中から、朝日新聞の女性記者も駆けつけてきてくれた。この会見の直前に朝日新聞がデジタル版に取り上げたと、伝えに来てくれたのだ。あとは、チェンジ・ドット・オーグのスタッフだけで、会見は悲しくなるほどに閑散としていた。

答えを準備していた質問もほとんどされることがなかった。結局、郡山まで来ていた記者だけがこの会見を記事にした。

思っていたほど世論の関心を引き付けられていない。どうしよう。すぐにかき消されてしまっては、告発した意味がない。もっと世に出ないといけないと思った。

5／声をあげてから

誹謗中傷

ユーチューブチャンネルのゲストとして出たり、なるべく多くの取材にひとりで対応したりして、被害のことを吐き出すように何度も訴えた。どんなに卑劣な出来事であったとしても、事実を知ってもらわなければ、事の重大性を理解してもらえない。

しかし、広まるに従い、インターネット上に誹謗中傷も湧いてきた。

「あんなブサイクがセクハラって」

「気持ちはわかるが、その程度のことも切り抜けられないで自衛官なんて勤(ママ)まるかよってんだ　周りは試してんだよ　ヌクヌク生きたいなら自衛隊なんか入るんじゃやねぇっての」

「酷い話だなって思ってたけど被害者の人の記者会見たら　髪型や雰囲気が例のLGBT話題で見かける雰囲気だった　またソッチ絡みかって興味薄れてどーでもいいなって気になった」

「だいたいよ、血気盛んな男達の場所に女が入る　この意味をちゃんと考えろよ　女の見通しが甘いとしか言えないわ　外出たら7人の敵がいると思えないバカは働くな！」

　心が張り裂けるような言葉をたくさん浴びた。顔も実名もさらすほど決死の覚悟で訴えた性被害者に対する誹謗中傷は、すでに弱っている被害者を言葉の暴力で殴り倒そうとするようなものだと思った。あなたのその一言で死ぬ人がいるかもしれない。そのことを、誹謗中傷を続ける人には自覚してほしい。なお、ネット上で受けた誹謗中傷の中でも侮辱罪にあたる書き込みは警察に届け出て、捜査をしてもらうことにした。

　また、郡山駐屯地に勤務している男性隊員の妻だという人からこんなダイレクトメールも届いた。

「旦那が郡山駐屯地に勤務しています。隣の中隊だそうです。何かお力になれればと思っております」

プロフィール写真は夕日をバックにした逆光で人影しか見えない。顔がはっきり見えないから、すぐには返事をしなかった。すると10時間後にこう送られてきた。

「旦那の職場の隣ですがそういうことは無いと言っております。名誉毀損で訴えられますよ」

男性隊員の妻を名乗るアカウントは、駐屯地名を出したことが名誉毀損に当たると脅してきた。わたしは、「事実だ」と返事した。すると、こう返ってきた。

「このいさんは、謝罪を求めているんですか？　駐屯地名を出してSNSの力を借りて郡山駐屯地に注目を浴びさせて他の隊員、隊員の家族（関係のない）方にも迷惑をかけているという事わからないんですか？　謝罪を求めているのであれば弁護士を連れて面と向かって何度も話すべきです。セクハラ等があるのであれば部隊のワックを撤廃するべきだと個人的には思います。私もモヤモヤしている状態なので正直はっきりして欲しいです」

これに対して返信はしなかった。「ワック」（WAC）は自衛隊用語だから、この女性が言うように夫は自衛官なのだろう。告発した被害者を自衛隊の家族、しかも女性から攻撃して萎縮させようとする行為だと思った。

一方で、7月下旬にうれしい知らせも届いた。前期の教育訓練で同じ班だった同期のトミーから連絡がきた。トミーのいる部隊では、ハラスメント相談の時間が設けられたというのだ。中隊長が女性隊員に対して、「何か困っていることはないか」と訊き、話をする機会ができたという。

「五ノ井のおかげで、まわりにいい影響が広まっているよ。めっちゃ感謝している」

トミーからの言葉は素直にうれしかった。わたしの行動で少しでもいい方向に変わるなら、告発した意義はあると思えるようにもなった。

ただ、告発しただけで終わらせるわけにはいかなかった。このまま平行線をたどって、加害者たちが罪を認めなければ、すべてが無駄になってしまう。反響とともに応援してくれる人も増えていったけれど、もし事実が認められなかったら、世論を一気に敵に回すことになるかもしれない。そんなプレッシャーも膨らんでいった。

8月は、野党の国会議員たちが、ヒアリングの機会をくれた。はじめは、日本共産党の宮本徹衆議院議員からダイレクトメールがきて、同党の本村伸子衆議院議員と防衛省を含めた話し合いの場を8月3日に議員会館で設けてくれた。

当日、防衛省からは、人事教育局服務管理官付総括班長の日口正博氏らが来た。メディアも来てくれたが、防衛省との話し合いは、非公開になった。前半は本村議員と宮本議員が同席し、後半はわたしと防衛省の人たちだけで話し合った。再発防止と、第三者委員会を立ち上げて公正な調査をしてほしいとお願いした。

防衛省からは、「自衛隊で再調査をしている。第三者委員会を設けるのはむずかしい」と言われた。また内部でもみ消されるのではないかと不安だった。

防衛省の人たちが面談室を去ったあと、通路に控えていた記者10人ほどが面談室に入ってきた。この時、議員は「本当は与党がやらないといけない。この問題は、党派を超えて取り組むべきだ」と、他党にも協力を求められるように取り計らってくれた。

議員会館を出たあと、自衛隊の一課長から電話が入った。一課とは、自衛隊の人事・総務にあたる課で、1年前に被害を受けた直後に相談していた部署だ。当時は、男性隊員たちから証言を得られなかったとして、事実を認めてもらえなかった。だから、いまごろになって、電話してくることに不信感を抱いた。

警戒して電話に応えていたら、どうやら当時の一課長ではなく、新しく就いた一課長だった。このようなことを言っていた。

「本人たちにわからないように調べている。証言してくれた人たちを守らなければならないので、本人たちへの聞き取りが終わったら、拘束するような勢いですすめたい。なので、五ノ井さんも発信とかは慎重でいてください。何としても捕まえたいと思っている。第三者に捜査をしてほしいとは思うだろうが、我々も部隊でそういうことがあるのは許せない。部隊と連携しながらやっている」

信じきることはできなかったけれど、自衛隊内での調査は水面下で再開していた。

また、記者を通じて立憲民主党の長妻昭衆議院議員とジェンダー平等推進本部長代行を務める岡本あき子衆議院議員と連絡を取り、8月10日にも話し合いの機会を設けることになった。

この時期、わたしの体力と気力は限界に達しようとしていた。宮城県から神奈川県に出てきたばかりという環境の変化に加え、活動を頑張るために背伸びして走り続けてきたせいで、身体を壊してしまった。声がうまく出せなくなってしまい、はちみつと経口補水液を口にしながら体力の回復を図った。気合ではどうにもならなかった。

このタイミングで8月10日のヒアリングに挑んだから、マイクを通してでも、わたしの発言は蚊の鳴くような声になってしまった。この日に限って、議員会館の広い会議室にたくさんの議員と記者が詰めかけていた。体力を振り絞って、倒れないように踏ん張っているだけで精一杯だった。

ヒアリング後、フラフラになりながら地下鉄に乗って家に帰ろうとしていた時だった。乗り換えのために降りたホームで声をかけられた。

「あの、いつも活動見ています。わたしも同じような被害に遭ったことがあるので、気持ちがわかります。応援しています」

髪の長い女性だった。その一言に救われたような気がした。一方、同じような被害に遭ったというのは悲しくなった。きっと勇気を振り絞って声をかけてくださったのだと思う。わたしの行動を見て、少しでも傷が癒え、元気になってもらえたらいいなと願った。

その日、岸田文雄首相の第二次内閣改造により、防衛相が岸信夫衆議院議員から、浜田靖一衆議院議員に代わった。

殺害予告

体調が回復してから、ユーチューバーグループのデンジャラス赤鬼が行っている路上生活者向けの炊き出しボランティアに参加した。玉子焼きを50個くらい焼いて配った。デンジャラス赤鬼のユーチューブチャンネルでも被害のことを語り、署名を呼びかけさせてもらった。そうしたら、「出たがり」などと中傷された。がむしゃらにやるしかなかったから、何と言われようと屈しないつもりでいた。

オンライン署名は、署名期間を約1か月間として、8月31日に浜田防衛相宛てに防衛省へ提出することになった。超党派の議員たちが声を掛け合って集まり、一緒に防衛省に届けることになった。

署名と同時に実施していた「自衛隊内におけるハラスメントの経験に関するアンケート」（巻末資料参照）も一緒に提出することになっていた。チェンジ・ドット・オーグの運営者が、パソコンを持っていないわたしに代わって、集まった回答を集計してくれた。

多くは、ハラスメントの被害に遭った経験のある隊員や元隊員、その家族たちからの切実な声だった。ただし、１件だけ脅迫めいた回答が混ざっていた。

「自衛官にはハラスメントがない。嘘の情報を流すのはやめてください。止めないなら、殺すぞ」

殺害予告に背筋が凍り付いた。こうした脅迫によって萎縮してはいけない、とは思っていても、満員電車に乗る時や混雑する場所をひとりで歩く時は怖かった。

一番怖かったのは、署名提出日だった。事前に提出日を公表していたので、市ヶ谷の防衛省にたどり着くまでに、どこかで待ち伏せされていたらどうしよう、と不安だった。

署名提出の8月31日、電車を乗り継いで、防衛省に着くまで周囲を警戒した。防衛省の正門をくぐった時には、すれ違う防衛省のひとりひとりの視線が怖かった。わたしが告発したことをよく思っているはずがないのだから。

第三者委員会による公正な調査を求めるオンライン署名は、開始した7月21日から8月30日までに10万５２９６人分が集まった。署名と同時に実施していた「自衛隊内におけるハラスメントの経験に関するアンケート」には、自衛隊経験者のハラスメントに関する回答が１４６件寄せられ、その時書いてもらったそれぞれの経験もまとめて提出した。被害の声をあげるまでに何年もかかった人もいると思う。そうした人たちが勇気を振り絞って回答してくれたことに感謝している。署名には、報告をしたものの自衛隊内で隠蔽されて自殺したという隊員の家族からの賛同もあった。

浜田防衛相の代わりに、木村次郎防衛大臣政務官が分厚いファイルに収めた署名とアンケート結果を受理した。木村政務官は「セクハラは防衛省、自衛隊において、隊員間で決してあってはならないことであり、組織として許せないという強い姿勢を持つ必要がある」と話した。そして、わたしが受けた被害については、「現在、防衛省においてしっかりと調査をやっており、判明した事実に基づいて厳正に対処していく」と、詰めかけたメディアの前で公言した。その後、同行してくれた超党派の議員たちの援護のもと木村政務官と話し合いが行われた。

第三者委員会の立ち上げについて、木村政務官は「意見として受け止める」という言い方にとどめた。いつまでに調査結果を出すのかなどについても具体的な回答は避けていた。それでも、超党派の議員が詰め寄って、「ハラスメントは人権侵害である」とはっきりと主張して、わたしを援護してくれたのは心強かった。

この署名提出は、ＮＨＫをはじめ、民放各社と各新聞にも取り上げられた。１か月前の閑散とした会見から、ようやく風向きが少し変わってきた。

その分、これまで以上にプレッシャーが重くのしかかってきた。

「嘘はついていない」という気持ちを強く持っていたけれど、証拠はわたしの証言のみである。もし、事実が認められなかったら、わたしはもっと誹謗中傷に晒される。

わたしの中では、生きるか、死ぬかの闘いだった。柔道の試合では、指導者からよくこう叩き込まれてきた。

「勝つということは生きられるということ。負けるということは死ぬということだ」

もちろん、柔道の試合で負けても本当に死ぬわけではない。だけど、今回の闘いは、本当の意味で生きるか、死ぬかのリアルな闘いだった。真実を明らかにすることしか、勝つ方法はなかった。

涙

署名提出後、宮城県の実家に帰省した。2か月ぶりだった。わたしのやつれた顔を見た母は、「げっそりして、どうしたの」と驚いていた。母は、わたしの好物の焼肉に連れて行ってくれた。食べ終わってからカラオケに行った。つらくなった時に、よく聴いているBigfumi（ビッグフミ）の『Life』を歌おうとした。メロディーが流れてきたとたんに、ここ数か月の間、堪えていた涙があふれ出てきた。

嘘をついていなくても、嘘つき扱いされ、誰のことも信用できなくなっていた。苦しみや悲しみ、悔しさ、消えてしまいたいという、いろんな感情が湧き上がってきて、泣きながら歌った。隣に座っている母も泣き出した。

歌い終わると、母は、わたしを元気づけようとして、ゆずの『栄光の架橋』を入れた。母が熱唱してくれたけれど、音痴すぎて、泣きながら笑った。

9月5日、神奈川県へ戻るのに、仙台駅まで見送りをしてくれた母は、東北新幹線のホームで、少しばかりの軍資金を入れた封筒を手渡してくれた。封筒には力のこもった文字でこう書いてあった。

「たとえ酷い真実であっても真実の中には人間をみがく、磨きあげる美しさがある
里奈　ファイト」

9月6日、署名を提出してから1週間が経とうとしていた時だった。浜田防衛相が閣議後の会見で、全自衛隊員を対象としたハラスメントに関する特別防衛監察を実施

すると明らかにした。

さらに同日、陸上自衛隊トップの吉田圭秀（よしひで）陸上幕僚長（当時）は記者会見で、特別防衛監察の実施を踏まえて「陸自の自浄作用が問われていると深刻に受け止め、ハラスメント根絶に向けて対策を打っていきたい」と表明した。

やっとトップに声が届いた。

ただ、わたしには、自衛隊を辞めた人や駐屯地の職員たちからの悲痛なメッセージがたくさん来ていたから、ハラスメントに関する特別防衛監察の対象範囲が十分ではないと思っていた。現役隊員だけでなく、防衛大や陸海空の学校や、駐屯地の食堂・売店などの従業員、普段は社会で生活していざという時に活動する「予備自衛官」、辞めた隊員、自殺した隊員の遺族、さらには隊員の家庭内における暴力まで幅広く聞き取る態勢を整え、実態の把握を継続的に行うべきだと思った。

わたしの方には、一課長から特別防衛監察の聞き取り調査をしたいという連絡が入った。ただ、すでに警務隊に提出していた証拠や証言などは捜査資料にあたるため利用できず、また一から聞き取りに応じなくてはならなかった。翌週、約6時間に及ぶ聞き取りを受けた。

メディア向けに話している際には、被害に遭ったことのある視聴者から「被害の描写を聞くとフラッシュバックする」という声が届いた。自分自身も被害内容を話した後はひどい倦怠感に襲われるから、詳細は省いて話すようになっていた。だが、特別防衛監察の調査では細部を掘り起こして聞かれる。1年前に受けた警務隊の聞き取りのように、また生々しい細部を自分の口から話さなければならなかった。ここでも、男性隊員たちの陰部は勃起していたのかを聞かれた。

この答えは「重要」らしいが、聞かれる方はとにかく不快だ。こうして特別防衛監察向けに「申立書」が新たに作成された。

実家に帰省して英気を養ったつもりだったけれど、ストレスから腹痛がひどくなってきた。援軍となってくれた超党派の議員たちからは、「弁護士を付けて窓口を設けた方がいい」と助言を受けた。弁護士を雇う経済力がないので、弁護士のことを言われるたびに、「できるところまで自分でなんとかします」と強がってきた。また、弁護士を付けると解決するまでに年単位で時間がかかる可能性が高かった。いつまでも性被害者でありたくなかったし、長くなればなるほど、神経が削られて、いま以上に病んでしまうのは、もう耐えられなかった。だから、ぎりぎりまで躊躇していた。

議員からはこうも言われた。

「この問題は五ノ井さんだけの問題ではなく、日本社会全体の問題でもあります」

理解はしていたけれど、自分の受けた被害が、社会問題としてここまで大きくなっていることが、とてつもない重圧としてのしかかってきた。

胃腸がキリキリと悲鳴を上げていた。さらに追い打ちをかける事件が起きた。

9月9日。前日の晩に週刊誌の男性記者から電話がかかってきた。一番初めに誌面で取り上げてくれた男性記者だった。俳優の香川照之氏によるホステスへのわいせつ行為について、どう思うかコメントがほしいという依頼だった。

自分の事件のこと以外についてコメントを求められることがなかったので、状況を理解していないまま、答えてしまった。それでも、「わたしはその場にいなかったので、飲み屋の世界も知らないし、事件についても詳しく知らないし、何とも言えませんが……」と前置きした。

事前に送られてきた原稿には、わたしの被害の内容が書いてあった。しかも、被害時期など事実と異なる記述があった。このころは、特別防衛監察が動きだし、わたしの事件が再捜査に入った重要な局面だった。事実と異なる情報がメディアから流されることは、供述に矛盾があると見られてしまう恐れがあった。

わたしは、記事自体を取り下げてほしいとお願いした。男性記者からは夜中の0時を過ぎてから、こう返事が来た。

「編集と相談してまた明日ご連絡します。五ノ井さんの被害の記述を削るように提案してみます」

わたしは、改めてコメントの掲載を見送らせてほしい旨を伝えた。夜中だったのですぐに返事は来なかった。

翌朝、取り下げをお願いしていた記事が、事実関係が異なったままウェブ版で早朝に配信されていた。男性記者に説明を求めた。

「五ノ井さんの意向は編集部に伝えたのですが、配信時間が決まっていたので出てしまったようです。いまから取り下げられるか編集者と相談します」

すぐに電話して「消してください」と言ったが、男性記者からは「はいはい」とだるそうな返事しか返ってこないうえに、一方的に電話を切られた。もう1回電話したが、また迷惑そうな態度で一方的に電話を切られた。ヤフーニュースでも配信され、コメント欄でわたしは叩かれた。この日は朝から泣いて、早く記事が削除されるのを祈った。

厄払いを兼ねて明治神宮を参拝した。もう神頼みしかない。絵馬に願いを託した。

「一日でも早く、調査の結果が出て、必ず謝罪を頂ける様に。未来は輝やいていますように」

後で気が付いたけれど、「輝いて」の送り仮名を間違えて「や」を入れてしまった。寛大な神様のもとに願いが届くことを祈った。

不起訴不当

その日の午後、母から写真付きメッセージが送られてきた。

検察審査会の通知書だった。

議決は9月7日付で「被疑者らについて、本件不起訴処分は不当である」と書いてあった。不起訴不当とは、一度不起訴になった事件を検察が再捜査して、改めて起訴するかどうかを判断するということだ。

不起訴不当の議決理由にはこう記されていた。

本件では、現状において、被疑者らが被疑事実を否認し、目撃供述がないほか、わいせつ行為の存在を裏付ける客観的証拠もなく、唯一の証拠は被害者供述のみである。唯一の被害者供述を排斥し、公訴提起の途を絶つ結果、被害者に泣き寝入りを強いる以上は、その意味からもまた、被害者供述の信用性の判断をより慎重に行う必要がある。

さらに、不起訴記録を精査したうえで、捜査が不十分であることを次のように指摘した。

（1）被害者供述の信用性を判断する上での捜査及び（2）本件犯行の目撃者の存否に関する捜査のいずれについても、十分に尽くされたとは言い難く、また、（3）その他捜査が十分に尽くされたとは言い難い点もあると言える。

もし世論に訴えていなければ、違った結果になっていたかもしれない。声をあげたことが、審査結果に影響を与えたのかどうかはわからない。それでも、泣き寝入りしないでよかったと思えた。

こうして、自衛隊内部と検察の再捜査が同時期にはじまった。どちらが先に再捜査の結果を出すだろうか。

もし、自衛隊がまた訓練などを理由に再捜査を先延ばしにしていれば、先に検察が結果を出すことになる。そうなったら、自衛隊には自浄作用がないと見なされるだろう。それに、もし自衛隊の捜査と検察の捜査に齟齬が出たら、矛盾点を明らかにして十分な説明を尽くさなければならなくなる。被疑者たちは、双方の捜査に対して一貫した供述をしなければならない。被疑者が3人いるだけでなく、まわりで見ていた隊員も十数人いる。この事件が社会に知られるようになってから、改心して口を開いてくれる隊員がいるかもしれない。

少なくともわたしは、志のある隊員が正義感から事実を証言してくれることに一縷の望みをかけた。

9月中旬、一課長から連絡が入った。3人の被疑者のうち1人が口を割ったというのだ。事実を認めたのは、C3曹だった。一課長は、C3曹が「直接謝りたいと言っている」と電話口で言っていた。

1人が認めたのなら、他の2人は「やっていない」と嘘をついていたことになる。早く世間に事実が認められたことを公表してほしかった。告発したことで、わたしが嘘をついているのではないかと疑われる二次被害に晒され続けていた。いつまでこの誹謗中傷に耐えなければならないのか。

一課長には、認めたのが1人だけだとしても、謝罪の意思があるのなら、1人だけでも早く直接謝罪に来てほしいと、訴えた。

さらに、事実を認めた者がいるということを、9月中に防衛省・自衛隊が会見で公表することも求めた。シルバーウイークと安倍元首相の国葬を控えていた時期だったので、タイミング的には28～30日に公表してほしいと、具体的な日程も指定した。そうしなければ、わたしが先手を打って自ら会見を開き、「加害事実を認めた者が現れた」と発表するとまで、強気な姿勢を示した。

これまで口裏合わせをしていた男性隊員たちの「妙な団結」に亀裂が入った。残りの被疑者ふたりが認めるまで待っているのは時間の無駄だった。受け身ではなく、ここで攻め込んでいくべきだと、わたしの直感が働いた。

謝罪

防衛省・自衛隊の出方を見極めている間も、わたしはネット上の書き込みを見てしまって、病んでいた。柔道の練習に行くことはおろか、部屋から一歩も出ることができなくなっていた。

見かねた道場の小見川先生は、わたしをランニングに連れ出してくれた。走り出して100メートルもしないうちに小見川先生はわたしを置いて先を走っていく。

この週末、柔道の大会にエントリーしていた。それなのに練習ができていなかったから、ゴール地点の神社で参拝して勝利を祈願した。そして、何度もこう祈った。

「早く事実が認められ、謝罪をもらえますように」

このころのわたしの頭にはずっと「謝罪」の二文字がこびりついて、他のことは手につかなくなっていた。

9月18日、エントリーしていた柔道の大会に出場した。結果は、5人抜きの優秀賞だった。誹謗中傷に晒されて、どんなに傷つけられても、柔道をしている時は正々堂々と戦うことに夢中になって、つらいことを忘れることができるような気がした。

わたしは、告発者でも性犯罪の被害者でもなく、ただ人の笑顔を見ることが好きな、柔道に打ち込む普通の人間だったはず。本来の自分の姿を取り戻せる日は来るのだろうか。

9月のシルバーウイークを目前にして、防衛省人事教育局服務管理官付総括班長の日口氏が電話をくれた。

「長らく苦痛を与えてきたことをお詫びしたい」

日口総括班長はそう言って、現時点で加害事実を認めている者がいることを9月中に公表すると約束してくれた。

やっとだった。

ただ日程は「9月中」というだけで、具体的な日時は決まっていなかった。シルバーウイーク明けの週には安倍元首相の国葬があるため、無事に国葬を終えてからになるだろうと思っていた。

9月27日、国葬が無事に執り行われる。この日から、はやる気持ちを抑えることができなかった。「9月中」に会見を開く約束なのに、もう9月は残すところ3日間しか残っていないのだから。

向こうからの連絡を待っていたらいつまで経っても謝罪をもらえないんじゃないか、と思って、防衛省の人に電話すると、担当者が「上の人と協議して9月中には必ずアクションを起こす」と言った。

本当だろうか。防衛省・自衛隊が公表しないのならば、10月の初めの週に自ら会見を開く。それだけは曲げないつもりでいた。

9月29日。朝、旧知の女性記者から連絡がきた。

「幕僚長が定例会見で謝罪するようです。聞いていますか」

「え、そうなんですか」

「聞いてないんですか。今日の午後3時半ですよ」

当事者よりも記者の方が早かった。急いである議員に連絡したら、議員も「防衛省が今日謝罪する」と知っていた。

そのあとに防衛省から電話がかかってきた。

「大変申し訳ございませんでした。謝罪は今日にでもしたいと思います」

議員の計らいのもと、当日の午後5時から議員会館にて、マスコミを入れ、フルオープンで謝罪を受けることになった。

急だったから着ていくワイシャツがくしゃくしゃだった。急いで洗い直してしわを伸ばそうと思ったのに、家にアイロンがなくて、ワイシャツがびちゃびちゃのまま小見川先生のところに行って、奥さんにアイロンをかけてもらった。

パリッと乾かしてから、会見の時に着ているいつもの黒いリクルートスーツを羽織って、黒いパンプスを履いて会見場となる議員会館に向かった。急ぎ足で駅を歩いていたら、溝にハマって、パンプスの踵（かかと）に深い傷が入った。

最悪だ……。

もう引き帰せないところまで来てしまったので、戻って履き替える余裕はなかった。前を向いて、前進するしかない。

こうしてわたしが議員会館に向かっているさなか、吉田圭秀陸上幕僚長が定例記者会見で発表した。

「これまで長く苦痛を受けられている五ノ井さんに対し、陸上自衛隊を代表して深く謝罪申し上げます。誠に申し訳ございませんでした」

吉田陸幕長が深く頭を下げていた。

「退職されたのちに、それもご自身の名前を公表するような形でご本人が訴えて、この再調査によって事実認定がされたことに対しては、わたしも非常に忸怩たるものを感じております。やはり、できるだけ速やかに調査というものを行い、彼女が退職する前に事実関係を明らかにできなかったことに組織として大変反省しております」

郡山駐屯地の隊員約１００人に聞き取り調査をしたことなどを、移動中の電車のなかでニュースを見て知った。長かった闘いがやっと実を結んだのか。

胸がいっぱいになって、目の奥が熱くなる。

しまった。ハンカチを忘れた……。

自衛隊の前期教育訓練の時から、外出時にはハンカチとちり紙が必須だと叩き込まれていた。外出前に班長が持ち物チェックをする。

わたしは、一度だけ、たまたまハンカチが見つからなくて、集合時間に遅れそうだったから、咄嗟に膝のサポーターをハンカチっぽく折りたたんだことがある。班長が気付かずにスルーしてくれればよかったのだけれど、この日に限ってジロジロと入念にチェックしてきた。

「おい、これはなんだ」

「膝のサポーターです！」

大声で答えた。

「なめてんの？」

こっぴどく怒られた。あの日から、ハンカチだけは絶対に忘れまいと心にとめていた。なのに、肝心な日に大事なものを忘れてしまった。メディアの前では絶対に泣かないと決めていたけれど、さすがにこの日は感情があふれた。

お誕生日ケーキ

議員会館に到着してから、議員の案内のもと記者会見場に入った。続いて、防衛省から背広や陸幕の制服を着た幹部が数名入ってきた。

防衛省の町田一仁人事教育局長、そして陸上幕僚監部の藤岡史生(ふみお)人事教育部長と対面するように、わたしはメディアの前に立った。部屋が狭くて、すぐ足元にたくさんのカメラマンたちが下から見上げるようにカメラを構えていた。

防衛省の町田人事教育局長が、神妙な面持ちで口を開く。

「防衛省は五ノ井里奈さんが訴えているセクシャルハラスメントについて、現時点において次の事実があったことを認めました。まず、何よりも防衛省として、長く苦痛を受けられた五ノ井さんに対し、深く謝罪いたします。大変申し訳ございませんでした」

防衛省の人たちは深々と頭を下げていた。そして、次の被害を認定したと公表した。

・所属中隊において、公然たる性的発言や身体接触が日常的にあった事実
・2020年秋、警衛所で隊員が性的な身体接触を行った事実
・2021年6月、演習場における野営で、隊員が性的な身体接触や発言を行った事実
・2021年8月、演習場の宿泊施設で、隊員がわたしを押し倒して、性的な身体接触を行い、口止めを行った事実
・2021年8月の演習場の宿泊施設におけるセクハラについて、上司にあたる中隊長が大隊長への報告と事実関係の調査を実施していなかった事実

やっと認められた事実のひとつひとつに耳を傾けた。

強制わいせつ容疑で刑事告訴していた3人に加えて、他の被害についても認められていた。つい数日前までは、1人しか認めていなかった。この日はじめて、特別防衛監察の取り調べで申告した被害がほぼ認められていたということを知った。

自分の席に着いたわたしはマイクを握り、言葉にならない思いを吐き出した。

「ほんと長い道のりだったのが……」

涙がこみあげてくる。感情を抑えようとしながら、続けた。

「最初からこのような調査をしていただければ……。わたしは夢を持って陸上自衛隊に入隊したので、いまこうやって認められたというのは、本当に遅いと思っています」

涙を堪えきれなかった。

「本来なら、防衛省の方の謝罪はもちろんですが、わたしに直接セクハラをしてきた人たちに、面と向かって謝罪に来てほしいと思っています。今後、このようなことが二度とないように根本的に改善していってほしいと思っています。まだ、すべてが解決したわけではないので、加害者の方から直接謝罪をいただくまで、絶対にあきらめないで、前を向いて取り組んでいきたいと思います」

続けて、隣に座る防衛省の人たちの方に顔を向けて聞いた。

「最初の調査では証言が全く出なかったのに、おおごとになってから調査の質を上げてもらったわけですが、いまこうやって証言を認めるということは、最初の調査がおろそかだったからなのではないでしょうか」

町田人事教育局長は「率直に、わたしたちの調査に不十分な点があったのであろうと思います」と答えた。さらに「きちんとひとつずつ事実関係を明らかにし、速やかに懲戒処分を行っていく」とも続けた。

防衛省や自衛隊のいう「速やか」は、一般社会の感覚とはかけ離れている。一般社会で犯罪行為が発覚したら、その時点で解雇になるようなことでも、自衛隊だと対応が鈍く、罰も停職数か月という軽いもので済まされる。そういった甘さが、ハラスメント行為を助長し、エスカレートさせてきた。

わたしが求めているのは、事実認定はもちろんのことだが、加害行為をしてきた隊員たちからの直接謝罪だ。この事実認定だけで終わらせないために、本人たちからの直接謝罪を改めて求めた。

だが、陸上幕僚監部の藤岡人事教育部長は、「処分の量定が確定したら必要な対応をする」と曖昧な回答をした。

処分が出るのを待っていたら、また時間がかかってしまう。わたし自身が前に進むために、一刻も早く直接謝罪をしてもらいたい。

会見の質疑応答では、毎日新聞の女性論説委員が防衛省に向けて強い口調で切り込んだ質問をしてくれた。

「報道されていることを見る限りでは、セクハラという生易しいものではなく性暴力、犯罪行為だと思っています。防衛省の認識は、あくまでも性的な嫌がらせのセクハラであるという認識なのでしょうか」

会見の中で、防衛省は、わたしの被害のことを終始「セクハラ」と呼んでいたから、その認識を問おうとしたのだろう。

町田人事教育局長は背筋を正して答えた。

「それは違います。これは性暴力だと認識しています」

わたしの中隊では、セクハラも性暴力もどちらもあった。性暴力の方が悪質な犯罪行為だとしても、セクハラだったら性暴力よりも軽いだろうと矮小(わいしょう)化してほしくはない。どっちも相手を傷つけることだと思っている。

会見を終えてから、ひとり神奈川県に戻った。

道場に顔を出したら、小見川先生や練習生たちが迎えてくれた。

練習後、小見川先生と道場の会員の方々が焼肉に連れていってくれた。そこで、「里奈先生」と書いたプレートを飾ったワンホールのショートケーキが出てきた。

うれしかった。きょうは、23歳になる誕生日だった。長い一日だったけれど、一生忘れられない特別な日になった。

本当の勝負

この日を機に主要なメディアが、自衛隊のハラスメント問題を一気に報じだした。2か月前にやった初めての会見とは大違いだ。事実が認定された途端に、潮目が変わった。

メディアはもちろんのこと、世論が味方に付いてくれたという実感を持った。

世間の人からしたら、事実が認められたことだけでも大きな成果だと思ってくれているかもしれない。ただ、わたしは、ずっと加害者からの直接謝罪を求めてきた。どうして嘘をついていたのか、理由を知りたい。

相手からしたら、ただの悪ふざけのノリにすぎなかったのかもしれない。それを男性隊員らが団結して口裏合わせをして、互いの立場を守ろうとしたのかもしれない。それによってひとりの被害者がどれほど追い詰められ、深い傷を負うことになったのか。彼らは本当の意味で罪の重さを理解しているのかを、わたしは直接会って、この目で確かめたかった。

ここからが本当の勝負だった。

誕生日の余韻に浸る(ひた)こともなく、翌日、わたしは検察の再捜査による聞き取りのために福島地裁へ行った。検察審査会が不起訴不当の議決を出したあと、わたしの事件を担当していた男性検察官が変更になっていた。

新しい担当者は女性の検察官だ。変更の理由は聞かされていないのでわからない。自衛隊内の調査で事実が認められたばかりだったから、検察にとっては再捜査の結果が世間から見られているという緊張感があるはずだ。

10月に入ってから、少し肩の荷が下りた。メディアの取材だけでなく、講演の話も舞い込んできた。ただ、わたしは、これから地に足のついた生活をどうやって送っていけばいいのか、現実的な問題に直面していた。活動のために必死に走り続け、体調を崩しがちだったので、道場の仕事もあまり手についていなかった。貯金を切り崩してなんとか生計を立てていたのだ。

治療を中断していた心的ケアも再開したかった。被害を受けてから、男性に対する恐怖心がまだ残っている。無心になって戦える柔道はわたしの精神安定剤になっていたが、誹謗中傷に晒されて、好きな柔道さえも続けるのがむずかしくなるほど落ち込んでしまうこともあった。だから、まずは安定的な収入を得られる仕事に就いて、生計を立てられるようになったら治療を再開したかった。

被害者は、被害に苦しむだけではなく、生活の基盤までも失い、ただ生き抜くだけでも精一杯になるところまで追い込まれる。この不条理と向き合わなければならない。早く謝罪をもらって、普通の人生を取り戻したかった。

10月11日、浜田防衛相が閣議後の会見で直接謝罪についてこう発言した。

「(加害者)本人の意向というのが重要」

懲戒処分に向けた調査をしている段階であることを理由に、加害者の意思にゆだねたような言い方だった。浜田防衛相は「本人の意向」と言うが、わたしは約1か月も前から、少なくとも、C3曹は「土下座して謝りたい」と申し出たと聞いている。防衛省・自衛隊が何かと理由をつけて先延ばしを図っているように思えた。

一課長を通じて「現時点で謝罪する意思のある隊員だけでもいいから、早急に謝罪しに来てください」と、改めて要求した。

わたしは、ただ当たり前のことを求めただけだ。悪いことをしたら、すぐに謝る。大人が子どもによく教えることのはずだ。そんな大切なことが、組織が大きくなるとむずかしくなってしまうのだ。

10月14日、立憲民主党の計らいで、防衛省を含めた意見交換の場が設けられた。防衛省・自衛隊のトップが謝罪してから2週間が経つというのに、どうして加害行為をした隊員たちからの謝罪がこれほど遅いのかなどを、防衛省に問い詰める予定だった。

ただ、この前日に、思いがけず、事態は急展開を迎えた。

夜9時過ぎに一課長から電話が入った。

「A、B、C、Dの4人が、五ノ井さんに直接謝罪をしたいと言っています。長らくお待たせして申し訳ありません。週明けに神奈川に出向いてもよろしいでしょうか」

自衛隊側が、連隊をあげて直接謝罪に向けて大きく舵を切ってくれたのだ。性的な身体的接触がすでに認定されている4人だった。

わたしは、「やっとか」と思ったと同時に加害者と対面するのが「怖い」という気持ちもあった。彼らの誠意が形に残るものにしてほしかったから、それぞれから謝罪の意を示した手紙を書いてもらいたいと、一課長にお願いした。

藤岡奈穂子選手からのエール

早朝8時から議員会館で行われた意見交換には、防衛省から大臣官房政策立案総括審議官の幹部たちが出席していた。

わたしは、加害行為が認定されたのにもかかわらず、処分が下りるのになぜこれほど時間がかかるのかを、あえて尋ねた。

防衛省幹部はこんな説明をしていた。

「それぞれの証言内容が異なっている。厳正な処分を下すために慎重に事実を特定している段階だ。自衛隊独自のプロセスがあり、処分に時間がかかっている」

やはり、防衛省・自衛隊は、一般社会に比べて処分を下す判断が鈍く、甘い。

その場で、防衛省幹部らに「加害者が週明けに直接謝罪をしに来ます」と伝えた。防衛省の人たちは不意打ちを食らったように唖然（あぜん）とした表情で顔を見合わせていたから、そのことを事前に知らなかったようだ。今回は、防衛省よりも、自衛隊が先に動いた。

本当は加害行為をした男性隊員には、わたしがこれまで顔と実名を晒してきたように、彼らもメディアの前に立って謝罪してほしかった。

だけど、彼らにも家族がいる。公開処刑のように彼らを晒すことまでは、要求できなかった。直接謝罪は、メディア非公開にして、謝罪を受けたあとに議員会館でわたしだけがメディアの前に立つことになった。

この日のニュースには、わたしが野党の名前が入ったボードの前に座っている姿が映し出された。それだけで「裏がある」とか、特定の政党とわたしが絡んで「自衛隊を潰しにきている」などという根も葉もない憶測がネット上にコメントされた。

この問題には与党を含めた有志の議員が協力してくれていた。わたしに対する加害事実が認められてもなお、偏った考え方が邪魔して、本質が見えなくなっている人たちがいた。しまいには「政治家になるのか」という人もいた。翌日も体調を崩してしまった。

加害者たちはどんな顔をして目の前に現れるのか。彼らから誠意ある反省を受け取れなかったら、その直後に予定している記者会見でいったいどんな顔をして話せばいいのか。もしそうなったら、記者会見は土壇場で中止するか、ちゃんとした謝罪ではなかったと語るのか。思い悩むばかりで3日後の直接謝罪に向けて憂鬱な時間を過ごしていた。

そんななか、ボクシング世界5階級制覇チャンピオンの藤岡奈穂子(なおこ)選手から「会いましょう」と声をかけられた。藤岡選手は、わたしと同じ宮城県の出身だ。8月にSNSをフォローして以来、わたしの活動を見守ってくれていた。ダイレクトメールから「同郷として応援しています」とのエールももらった。当時、藤岡選手はアメリカ遠征中だった。日本に帰国した際には「お会いできるといいですね」という約束をしていた。それが、本当に実現するのだ。

直接謝罪をもらう前日のお昼過ぎ、浅草で待ち合わせをする。はじめての浅草で、地下鉄から変な出口に出てしまって、待ち合わせのお店に行くまでに道に迷ってしまった。

少し遅れて到着し、緊張しながらお店の扉を開ける。

「キャー！！！　待ってましたー！！！」

盛大な歓迎を受けた。元初代シュートボクシング日本女子フライ級王者の高橋藍選手も一緒だった。すでにみなさんお酒が回ってはしゃいでいた。わたしは、お茶をゆっくり飲むような会だろうと思っていた。重い雰囲気を漂わせながら深刻な話を聞いてくれる場面を想像していたのだ。予想に反して愉快な空気だった。

このころのわたしは、メディアから取材を受けるなかで、記者が過度に丁寧だったり、気を遣われすぎたりして、当たり障りのない質問しかされなかったりすることが多かった。腫物（はれもの）扱いされているのを感じ取っていたので、こんなふうに迎えてくれる人たちの温かさに久々に触れたような気がして、気持ちがほぐれた。

どういう経緯でこの話になったのかは、まるでわからないが、「カエル釣り」が楽しいから、今度一緒に行こうという話になった。でも、わたしはカエルが苦手だったから、ちょっと引き気味に「いいですね」と頷いた。他には、キックボクシングの話をして、試合に出場するとかしないとか、もし出場するならリングネームには好きな食べ物からとって「アイスクリーム五ノ井」がいいとか。事件のことには触れず、ただただたわいもない話をして笑い合った。

解散する前に、記念に10歳は若く見えるポーズでプリクラを一緒に撮った。

温かい、優しい時間だった。

いつか苦しみが過ぎ去って、こうやって普通に笑って過ごせる日々がくるのだろうか。来ないかもしれない。出口の見えない暗闇のトンネルを途方もなく歩いてきた。けれど、それがやっと、闇の向こうに淡い光がさしているのがかすかに見えた。そう思えるようになっていた。

神奈川の自宅に帰ってから、また現実に引き戻された。翌日の謝罪のことで頭がいっぱいになって一睡もできなかった。もし何も予定がなくて、ひとりぼっちで過ごしていたら、もっと考え込んで神経質になってしまっていたかもしれない。藤岡選手に連れ出してもらえてよかった。

6／傷

直接謝罪

10月17日、午前10時半、直接謝罪を受けるために神奈川県横浜市某所へ出向いた。

一課長が率いてきた郡山駐屯地の加害者4人は、別室に控えて、わたしとひとりずつ対面することになった。案内された部屋に入室しようとした時だった。

「携帯電話を出してください」

自衛隊側にスマホを手渡した。

部屋で控えていると、間もなく1人目が入室してきた。上官だったB2曹だ。2021年6月のヤマでの野営訓練の時に身体接触をしてきたことに加え、2021年8

月に演習場の宿泊施設でわたしが男性隊員らに押し倒されて腰を振られている姿を笑って見ていた上官である。

B2曹が、白い封筒をわたしに手渡してから、まっすぐ前を向いて立って話し出す。

「口を閉ざし、真実を打ち明けず、いままで五ノ井さんに苦痛を与えてしまったこと、また自分自身の言動が五ノ井さんを不快に思わせたこと、間違いありません。大変申し訳ございませんでした」

対面する前は怖さがあったけれど、いざ加害者を目の前にしたら、すっと冷静になれた。わたしは、どうしても聞きたかったことを尋ねた。

「なぜ最初の段階で証言をしてくれなかったのですか」

「当時は（強制わいせつの被疑者である）3人をかばおうとして、見ていたことを見ていないと言ってしまいました。五ノ井さんがユーチューブやメディアなどで、勇気を出して本当のことを言っている姿を見て、ちゃんと真実を言おうと思うようになりました。ここまで長きにわたり五ノ井さんに苦痛を与えてしまい、大変申し訳ございません」

わたしは、悔しくなって、涙交じりに言った。

「最初から証言して、謝ってくださっていたら、わたしは自衛隊に戻って、夢を追っていくことができたと思います。それが、こういうことになってしまったのは、残念で、許せない気持ちではあります。ここに来るまで、どんな気持ちで、どんな1年を過ごしていたのか教えていただきたいです」

「はい。自分自身……。この1年間、いろいろな取り調べなどで、自分が口を閉ざし……。自分の正義感にはないようなことを常にしてしまいました。五ノ井さんに比べたら全然かもしれませんが、心が痛く……。自分は、後輩育成のために、どんな後輩の指導も積極的にしてきたのですが、その一面で五ノ井さんに距離が近づきすぎ、不快な思いをさせてしまった。いまとなれば、すべて自分の責任です。大変申し訳ございません」

「ハラスメントに対しては、どうお考えですか」

「はい。ハラスメントに対しては、パワハラやセクハラなど多数あると思いますが、自分も意志が甘く、五ノ井さんだけではなく、他の女性自衛官に対して不快な思いをさせたのは間違いありません。強い意志を持って、ハラスメントを自分自身からまずはなくすように、精進(しょうじん)していきたいと思っています」

「どう責任をとろうとお考えですか」

「はい。現在、検察側の取り調べを受けている最中で、処分を真摯に受けとめるつもりです」

「わたしが告発してから、Bさんの大切な人は、いまはどうなられているのかをお伺いしたいです。その方も悲しみましたか。Bさんには子どもがいますよね」

「はい……」

わたしは涙で声を詰まらせながら言った。

「子どもは、お父さんとお母さんの背中を見て育つと思います。かっこ悪くてもいいと思いますけど、もう二度と恥のないように生きてほしいと思っています。わたしだけが被害者ではないのです。Bさんの子どもや大切な人、みんなBさんを信じて、帰ってくるのを待っているのに、ヤマの訓練でそういうことをしていたということがわかったら、Bさんの周りの人は悲しみます」

「はい……。いま、五ノ井さんがおっしゃった通り、五ノ井さんは自分の大切な後輩隊員でした。自衛隊に夢を持って入隊してきた五ノ井さんを退職に追いやったのは、間違いなく自分です。中隊の中核として、監督不十分、また、自分の言動を誰も止めてくれることなく、そういうことがなあなあになっていたのは事実です。大切な後輩隊員の夢を閉ざした責任は自分にあります。これで許してもらえるとは思っていません。謝罪が遅くなって、この1年間苦しんできた五ノ井さんの気持ちを考えると、こんな謝罪では確実に許してもらえるとは思っていませんが、大切だった五ノ井さんを退職に追いやった事実、それを真摯に受け止め、自分自身もこの自衛隊人生に区切りをつけ、しっかり罪を償って自衛隊を退職します。約束します。大変申し訳ございませんでした」

B2曹は、膝をついて土下座をしてから部屋を後にした。

2人目はC3曹だった。2021年6月のヤマの野営訓練時を含む日常的な性的発言や身体接触に加え、同年8月に演習場の宿泊施設で、わたしに首をキメる技をかけて押し倒し、腰を振って陰部を押し当て、「誰にも言わないでね」と口止めした男性隊員である。

C3曹は、最初に自白した人物でもあった。

C3曹は、こう述べながら手紙を差し出した。

「五ノ井さん、まずは、大変謝罪が遅れてしまい、本当に申し訳ございませんでした。

自分の取った軽率な行動で長い間、不快な思いをさせてしまい、本当に申し訳ございませんでした。謝罪文を書いてきましたので、よかったら受け取ってください」

手紙を受け取り、ユーチューブチャンネル「レスキューハウス」の撮影中に電話した時に「なんもやってない」と否定した時のことを問いただした（この場面はユーチューブでは公開されていない）。

「わたしは、Cさんに一度電話したことがあります。あの時に、わたしは、認めて謝ってもらえさえすればいいって、お話ししましたよね」

「はい」

「なぜあの時に嘘をついたのですか」

「あの時は……、事実を言ったことで、家族とかにバレるのが怖かったので、嘘をついてしまいました。申し訳ございません」

「奥さんは知っているのですか」

「はい、すべて真実を話しております」

C3曹にも家族を二度と悲しませないように告げた。そして、この1年をどう過ごしていたのかを聞いた。

「自分のとった非常識な行動で、五ノ井さんを苦しめていると思いながら、毎日過ごしてきました。本当に申し訳ございません」

「わたしにしてきたことは、謝ってもらって許せる問題ではないですけど、どのように責任を取ろうとしているのですか」

「いま懲戒処分の手続き中ですが、どんな処分でも受け止め、一生、反省していきたいと思います」

C3曹と次に続くD3曹、A3曹は、強制わいせつ容疑で検察による再捜査にもかけられていた。わたしは聞いた。

「いま、検察庁の取り調べが始まっていますけど、お話しする覚悟があるのでしょうか」

「はい。覚悟はできております。すべて真実を話します」

わたしは、C3曹に対して、「今後の調査で正直にお話ししてもらいたい」と念を押した。

3人目はD3曹だ。この隊員も2021年6月のヤマでの野営訓練の時に天幕内で性的な身体接触をし、同年8月に演習場の宿泊施設で、わたしに首をキメる技をかけて押し倒し、覆いかぶさり、腰を振ってきた。

　D3曹も前の隊員と同じような文言を並べ、長い間頭を垂れていた。

「このたびは、私の軽率な行動により、五ノ井さんに精神的苦痛を与え、夢を追いやってしまったことを、心からお詫び申し上げます。私の謝罪の意を込めて書かせていただきました。どうか受け取ってください」

　わたしは、D3曹にも聞いた。

「8月の件ではその場にいたのに、どうして証言してくれなかったのですか」

「はい。それに関しましては、いま、検察庁と警務隊の取り調べを受け、細部は言えませんが……、私の責任感のない行動により、五ノ井さんに対して不快な思いをさせてしまい、本当に申し訳ございません」

「この1年ちょっと、どういう気持ちで過ごされて、いまここに来ましたか」

「五ノ井さんの苦しんでいる姿を見て、私は、いち早く謝罪をしたいと思い、この場に来ました。五ノ井さんの夢や、退職に追いやってしまったことは事実であり、自分の責任感のなさを深く反省しております。大変申し訳ございませんでした」

　D3曹は、自衛官らしく、はきはきとしていた。わたしは、こう告げた。

「わたしが受けたことは、謝ってもらって許せることではありませんが、これだけは約束してください。絶対に家族を悲しませないように、もう二度とこのような過ちをおかさないと、約束してください」

「はい」

「子どもたちは、Dさんの姿を見て成長します。Dさんを信じて待っていること、そういう人たちを裏切っちゃいけないんです。父親として、子どもたちのお手本になるような人生をこれから歩んでください」

D3曹は、涙を堪えるように「はい」と返事した。

反省していない

問題は4人目のA3曹だった。2020年秋、警衛所や整備場で柔道の組み手を口実に性的な身体接触をしてきたことに加え、2021年8月に演習場の宿泊施設で、わたしに首をキメる技をかけて押し倒し、両手首を強く押さえつけながら腰を振ってきた。手を振りほどこうと力を入れて抵抗していたことに対して、行為が終わったあとに「五ノ井って、案外力が強いね」と言っていた男性隊員である。

長身のA3曹は、肩を落としながら言った。

「このたびは自分の軽率な言動によって、五ノ井さんに対し、とても不快な思いをさせてしまい、申し訳ございませんでした。自分の謝罪文を受け取っていただければ……」

まずわたしは、先の隊員たちにも尋ねたことを同じように聞いた。

「どうして最初の段階で、嘘をついたり、ごまかしたり、証言をしてくれなかったのでしょうか」

A3曹が口ごもる。

「大変申し訳ございません……。自分のとった言動は、五ノ井さんから許されることではないのはわかっております。申し訳ございません」

「ここに至るまでの1年ちょっと、どんな毎日を過ごしてここに来ましたか」

「事案が発生してから、中隊長、大隊長をはじめ、五ノ井さんの気持ちを第三者を通じてお聞きし、自分は心苦しかったのですが、それ以上に五ノ井さんはもっと精神的な苦痛を受けていると感じ、大変心苦しかったです。大変ご迷惑をおかけしました」

「奥さんや子どもたちは、この件を知っているのですか」

「はい、すべて知っています」

「わたしだけが被害者ではないです。子どもたちや奥さんも被害者です」

「はい……」

「Aさんの帰りを信じて待っている人からしたら、このようなことは絶対にあってはならないことだと思います。いま、検察庁の取り調べがありますけれど、正直にお話しするつもりはありますか」

「はい……」

「この責任をどうとるつもりですか」

「どのくらい重い処分が下されるかは、まだわかりませんが、その処分を全うすることが、自分の責任だと思います」

「ハラスメントに対してはどう考えていますか」

「正直、この事案が発生するまでは、五ノ井さんを含め、中隊の他の女性隊員とも仲良く接触し、明るい笑顔や会話を聞き、少し距離が近くなっていたと思います。それによって自分に心の甘えが生じ、五ノ井さんに対し、軽率な行動をとってしまったか

ら、このようなことになったと思います。ハラスメントに対しては、認識しておりま
す。大変申し訳ございませんでした」
頭を垂れていたA3曹が、ゆっくり顔を上げた。
じつは、この前日、郡山駐屯地の関係者から次のような情報が入っていた。
「Aは、処分が下りたら、郡山駐屯地にずっといられるから、逆にいいって笑ってい
た」
ちなみに、他の隊員の様子もすべて把握していた。が、このA3曹の軽薄さには、
はらわたが煮えくり返る思いがしていた。処分されると転勤がなくなって好都合だと
いうことだろうか。その場でA3曹を問い詰めた。
「わたしが聞いた話だと、処分されたら郡山駐屯地にずっといられると、笑っていた
ようですが、この件についてはどうですか」
A3曹は、動揺したかのように即座に弁明した。
「申し訳ありません……。笑ってもいないですし、処分を受けたら郡山駐屯地から出
られないということは、自衛官としてはあってはならないことなので、処分を受ける
場合は、郡山駐屯地にいるしかないと……」

「ちゃんと反省されていないんじゃないんですか」

「反省しています……。その会話の意味は、そのままの表現が残ってしまったのかもしれませんが、自分は反省しています」

要領を得ない答えだったが、わたしは続けた。

「なんでこの会話になったのですか」

「処分を受けるのか、受けないのかと聞かれた時に、処分がどのくらい重いのかはわかりませんが、処分を受けたら、郡山駐屯地にいるしかないということを伺いました」

「自ら退職される意思はないということですか」

「いえ、退職も考えております」

「わたしにした重大なことを本当に理解しているのですか」

「はい」

「検察庁が起訴するのか、不起訴にするのかはわからないですけど、本当に反省して罪を償う気があるのならば、正直に検察にお話ししてください」

「はい」

「どのように今後の人生を歩んでいきますか」

「自衛官でいられるかどうかもわかりませんが、五ノ井さんの道を閉ざしてしまったことを深く反省し、セクハラ被害に遭う女性隊員が、今後一切、自分の中隊から出ないよう、自分からも被害を出さないようにします。もし隊員がそのような行動をしていた場合は、自ら率先して止めるような行動を起こしていきます。大変申し訳ございませんでした」

少なくともこの時点では、Ａ３曹からは郡山駐屯地に残ろうとする意思が透けて見えていた。

さらに耳を疑いたくなるような言葉を残していった。

Ａ３曹が、「最後によろしいでしょうか」と断りを入れて語り出す。

「このたびは、わたしの軽率な言動によって、五ノ井さんに対し、不快な思い、ご迷惑、多大な精神的苦痛を与えました。大変心苦しい期間だったと思います。今さら、何を言っても何をしても許されることではないのは、わかっております。ただ、自分は、五ノ井さんが日常的に勤務している間、五ノ井さんの明るい笑顔に、勤務中や訓練中など、大変心に温かい空気が自分の中に入りました。大変ありがとうございました。そんな五ノ井さんをこんな目に遭わせてしまい、大変申し訳ございませんでした」

Ａ３曹はそう言って土下座したのだ。

「心に温かい空気」ってなんだ。ちょっと待ってくれ……。

その場ですぐに言い返してやりたかったが、ぐっとこらえた。わたしは、あれほど不快な思いをしてきたのに、まるで当の本人たちからしたら、女性隊員は「温かい空気」を男性隊員の心に吹きかける慰めの存在でしかなかったかのように聞こえた。Ａ３曹は、わたしのことを「明るい笑顔」と言うけれど、その場の空気を壊したくなかったから笑顔を作るしかなかっただけだ。

Ａ３曹が部屋を出て、足音が遠ざかっていくのを確認してから、わたしは一課長に向けて「Ａ３曹に関しては、反省していないと思うので、徹底的に指導してください」と言った。

「処分は我々も聞いていないのですが、かなり重くなることが予想されています。はっきりとは、我々も聞いていないのです」

加えて、他の女性隊員に対する被害についても慎重に対応してほしいと要望した。

約1時間の直接謝罪を終えて対面場所を後にした。この謝罪はメディア非公開にし、午後1時からの記者会見でその模様を伝える段取りだった。横浜から永田町に行くまでにじっくりと考える余裕はなかった。

前日に郡山駐屯地の関係者から情報提供があった時点で、きょうの直接謝罪を中止するべきかどうかと悩んでいた。一部の隊員は、事実が認定されても、事の重大さを真摯に受け止めているとは思えなかったから。反省したうえでの本心からの謝罪ではないのなら、受け取りたくはない。

移動中の電車内で4人それぞれから受け取った直筆の手紙を眺めた。4人とも封筒のなかに便箋1枚。余白の広さがそれぞれの誠意を物語っていた。ありきたりな定型文を並べた文面より、対面して聞いた彼らの直接的な言葉の方が、響いてくるものがある。だから、彼らから直接言われた言葉を電車の中で紙にメモして、会見の時に言えるようにしていた。

謝罪をもって許すつもりはない

あっという間に議員会館にたどり着いてしまった。集まったマスコミにどう伝えるか、悩んだ。

旧知の女性記者たちが駆けつけて、声をかけてくれた。「糖分が必要だから」と、膨らんだコンビニの袋を差し出された。

「降りてきた言葉を話せばいいからね。自分らしく、思うままに話してごらん。まわりなんてみんなジャガイモだと思いな！」

袋いっぱいにチョコレートと干し芋、甘栗が詰まっていた。肩の力がすっと抜けた。

午後1時。会見会場に入ると一斉にカメラのフラッシュがたかれ、これまで以上にたくさんのマスコミが詰めかけていた。

わたしは、ほんの2時間前の出来事をゆっくりと回想した。一部の隊員に反省の色を感じなかったということは、ぐっと堪え、加害者たちが二度と同じような過ちを繰り返さないために、どういう意識を持ってもらいたいかを、自分なりの言葉で話した。

「わたしからは、わたしだけが被害者ではない……。4名にだって家族がいます。お子さんや奥さん、みんなが加害者4名の訓練の帰りを信じて待っている。そんななか、こういう行為をしてしまうというのは、わたしだけが被害者ではなく、信じて待っている奥さんや子どもたちへの裏切りでもあると思っています。4名には、信じてそばにいる人をもう二度と悲しませないように、肝に銘じて、これからの人生は罪を償いながら生きてほしいとお伝えしました。子どもたちは親の背中を見て育っています。失敗はいいですけど、かっこ悪くていいですけど、こういう犯罪は絶対にあってはならないことなので、二度と同じ過ちを繰り返さないようにとお伝えして、一生、罪を償って生きていってくださいとお約束しました」

身勝手な大人の過ちや都合のせいで、一番つらい思いをするのは子どもだ。わたしは身をもって知っている。

たとえ加害者であろうと、家族がバラバラになった時の苦しみを、無関係なその子どもたちに背負わせたくはない。わたしに対する償いだけでなく、裏切られた家族に対しても一生をかけて償っていってほしかった。

そして、加害者たちからの手紙を読み上げた。簡素な言葉が並べられていたが、対面した時には、彼らが涙を流し、何度も深く頭を下げ、4人のうち3人は土下座をしていた様子を伝えた。

ただ、この謝罪をもって許すつもりはないことを告げた。

「謝罪をされたからといって許せる問題ではないです。わたしの傷は一生の傷なので……。しっかりと、自分のしたことに責任をもって罪を償ってほしいと思います」

この謝罪をもらうまでに約1年かかった。加害者たちからの謝罪は遅すぎたのだ。

会見後は、休む間もなく、テレビ局に移動して事前収録と夜遅くのニュース番組に生出演した。長い1日がやっと終わってスマホを見たら、母からたくさんメッセージが入っているのに気が付いた。

「昨日から寝られてなくて、身体は大丈夫かな。今日一日疲れたよね。本当にお疲れ様ね。長かったね……。里奈の人生をかけた決意が、里奈だけでなくたくさんの人たちをも救いはじめているよね。加害者の家族への配慮……。里奈は本当に相手の家族のことまで考えて、なかなか言えないことを言っていた姿を見て、素晴らしいと思ったよ。目的が叶ってよかったね」

「ゆっくり休んでね」

「また帰ってきたら美味(おい)しいものでも食べに行こうね」

「これからの里奈の人生！　笑っていけるように応援しているね。たった一度限りの人生！　里奈には楽しく生きてほしいよ」

故郷から見守ってくれていた母は、わたしのことを心配してここ数か月は日に10回も電話をしてきていた。ちょっとしつこかったけど。これでやっと、母を安心させることができそうだと、胸をなでおろした。苦しかった闘いに、やっと片を付けることができた。あとは、検察庁の再捜査で、彼らが真実を語ってくれれば、それでいい。

わたしは、前へ進みたかった。

被害届を取り下げるか

わたしは、燃え尽き症候群になっていた。謝罪をもらうために注いできた闘志が燃え尽きて、気が抜けてしまったのだ。

謝罪を受けたからといって、人生が一転して急に上向くわけではない。死ぬ気で闘ってきたから、残ったものは何もなかった。あえて言うならば、身を晒して性被害を告発した被害者としてのレッテルが、こびりついて残ってしまった。この足かせとともに生きていかなければならない。

どうやって？

その問いがむなしく頭の中に響く。半ば投げやりな気分に落ちてしまっている時に、ふっとこう思ったのだ。

被害届を取り下げよう。

憎みあい続けるのではなく、ちゃんと対話で解決に至ったという成果だけで、もう十分だと思った。10月17日の記者会見で、謝罪を「一区切りにする」と公言したこともあって、これ以上注目を浴びないように穏やかに過ごしたかった。

取り下げると言ったら、これまで応援してきてくれた人たちを落胆させるような気がした。公表する気にはなれなかったが、告発当初から記事を書き続けていた記者には伝えておこうと思った。記者と神保町のカフェで待ち合わせて、告訴を取り下げると告げた。

記者は小さく頷いた。

「五ノ井さんの決めたことなら、その判断を尊重するよ。後悔はしてほしくないから、自分で納得のいく理由を持っておいた方がいいんじゃないかな」

「うーん……。最初は、本当に起訴してやりたいと思っていたんです。嘘はつくし、認めないし、謝らないから、絶対に許さないって思っていたんです。でも、認めて謝ってくれたから……。謝りに来ないで、最後まで逃げる人が大半だと思うんです。あの4人の加害者を擁護するつもりはないですけど、最後に見せた彼らの姿は自衛官らしい謝り方だったなって……」

「許すの？」

「許すというか……。傷は、一生の傷ですけど……、起訴することで償わせるのはどうなんだろう……」

「相手を法的に罰したいという処罰感情がいまはないのかな」

「ないんです。彼らには、そばにいる人を大切にして裏切らないでほしいし、同じ過ちを二度と犯さないということを肝に銘じて生きてもらえれば、それでいいと思っています。世間には納得してもらえないかもしれないですけど、これがいまのわたしの考えです」

「その気持ちの変化が、ずっと逃げ回っているような加害者にも響くものがあるといいけど」

「性犯罪で『合意の上だった』とか、なんだかんだと言いながら加害者が逃げ回っている事件はたくさんあるじゃないですか。相手の人を傷つけたことは確かなのに。あの4人を見習えとは言いませんけど、何日かかってでも、しっかり罪を認めて謝ってもらうことは、被害者が一番求めていることであって、それが救いになることがあると思うんです」

記者は相槌を打ち、「いつ被害届を取り下げるのか」と聞いた。

「本当は今日、ここへ来る前に検察官に電話して取り下げるつもりでいたんですけど、検察官が席を外していたんで、また明日電話してみます」

翌日、検察官に電話した。そうしたら、検察官から「また気持ちが変わるかもしれないので、被害届を取り下げる、取り下げないにしても、もう一度話を聞かせてください」と言われ、また福島地裁に行くことになった。

被害を取り下げると決めてからは、気持ちに区切りをつけて、目の前にある小さな出来事に幸せを見出そうとしていた。10月末のハロウィンには、柔道場で子どもたちを楽しませるために、三角おにぎりの被り物に白い全身タイツを身にまとった。この姿にケラケラ笑ってくれる子どもたちの笑顔を見るのが、わたしにとって一番幸せな時間だった。

11月上旬、宮城県の実家に帰省した。すっかり秋になって、いつの間にか季節が変わっていた。久しぶりに母と温泉に行った。

わたしが女湯の脱衣場の引き戸を開けた途端、着替えている女性たちが一斉にこちらに視線を向けた。そう、男が入ってきたと思ってぎょっとしているのだ。わたしは、真っ先に上半身を素早くぱっと脱いだ。「女です!」というアピールをするためだ。

友達と岩盤浴とかに行ったりする時にも、受付の人から男性用の館内着や青色の鍵を渡されることがある。いつも冗談で「今日の受付の人は女用と男用のどっちを渡してくるかな」と予想を立てている。そのたびに一緒にいる友達から「早く髪を伸ばせよ」と言われる。これはショートカットの女性あるあるだと思う。この日も、母は「いつものことです」とすました顔でいるほど、子どものころから男に間違われることには慣れていた。

母と露天風呂に浸かっている時に、告訴を取り下げる話をした。母が、湯けむりのなかで首を横に振りながら言う。

「被害は被害なんだから、起きたことの事実は司法でも認めてもらいなさい。本当の意味で前に進むためにはしっかり判決を出してもらった方がいいよ」

ずっと心配してきてくれた親の心情を思うと、加害者を許せない気持ちがぬぐえないのは理解できた。

一方、別の親族からは、被害のことが報道されることを「恥だ」として、「早く地に足をつけろ」と責め立てられた。

何が正しい選択なのか、わからなくなっていた。そんな時に、東松島の矢本駅の近くを歩いていたら、真面目そうなスーツ姿の男性が声をかけてくれた。

「五ノ井さんですよね。応援しています。いつも拝見しています」

地元の人からの声援は身に沁(し)みるものがある。わたしの事件が認められた要因には、世論が味方に付いてくれたことが大きかったと、改めて実感した。

悩んだすえ、告訴の取り下げは、示談交渉の内容次第で決めることにした。それに、性犯罪は、被害者が訴えない限り罪に問えない「親告罪」だったのが、２０１７年の刑法改正により被害者の告訴がなくても罪に問える「非親告罪」になっていた。

つまり被害届を取り下げる意味はなくなったのだが、加害者側から示談を提示されたら、どうしたらいいのか不安だった。

示談となると、示談金で解決させるように思われるかもしれない。わたしは、今後の活動に対して、秘密保持契約書によって「一切被害のことを口外しない」という制約を付けられるのならば、その条件をのむつもりはなかった。最初からお金で解決するつもりがあれば、身を晒さずに慰謝料を請求するという選択もあったと思う。だけど、わたしが告発した目的は、加害者からの謝罪と、わたしと同じような被害者を出さないように再発防止を促すことだ。示談金で口を塞がれてしまったら、再発防止のために話すことができなくなってしまう。それは避けたかった。

そう考えているうちに、検察官から電話がかかってきた。

「被疑者側に弁護士がつきました」

つまり、示談交渉が始まるという合図だ。検察官からしたら、世論が注目している刑事事件に対して、また不起訴を出すということは、世論から批判を浴びかねないので、なるべく穏便に示談で済ませたいということだろう。

被害届を取り下げようとした時に検察官から呼ばれて福島地裁に足を運ぶと、被害内容に一部食い違いがあると検察官から指摘された。彼らは、検察の再捜査には誠実に本当のことを話すと約束していたが、結局は「やった、やっていない」の水掛け論になっていた。

身を削りすぎて、もう闘う力が湧いてこなくなったから、示談にしてしまおうかと弱気になっていた。一方で、わたしには法律の専門知識がない。この示談で言いくるめられて不利な立場になったらどうしよう。

11月末には加害者側の弁護士が電話してきて、示談金の話をちらつかされた。ついに、もうひとりではどうすることもできないと判断し、ようやく弁護士をつけることにした。遅すぎたかもしれないが、お金がないからギリギリまで踏ん張ってきたのだ。

お互いに代理人を立てて交渉することになったわけだが、さっそく相手側の弁護士から12月7日付で「ご連絡」と題する文書が送られてきた。そこには、こう記されていた。

「本件について法的には三氏が個人責任を負うべきか疑問が残るが、謝罪の意思を表すため三氏合わせて１００万円の解決金を支払いたい」

１００万という金額が一見大きく見えるが、単純に３人で割ると1人約30万円だ。1人30万円は痴漢並みの金額だと聞いた。被害事実に対して妥当な金額なのか疑問を抱くと同時に、日本の性犯罪に対する加害者が負う代償の軽さにもはらわたが煮えくり返る思いがした。

30万円払ったら解決するのか。それで加害者が許されたと思い、また犯行を繰り返したらどうするのか。次の被害者が生まれたらどうするのか。事実として、こうして認められるまで、わたし以外の女性隊員に対しても常習的に不法な性加害を繰り返してきたのに。

それよりも目を疑ったのは、「個人責任を負うべきか疑問が残るが」という文言だ。「疑問が残る」ということは、自分の犯した過ちと向き合っていないということだろうか。これが、加害者たちから出た言葉を代弁したわけではなく、ただの代理人の見解だとしても、この文言は、事の重大さを軽く受け止めているようにしか見えなかった。

あの謝罪はただのパフォーマンスだったのだろうか。わたしは、つい数日前まで被害届を取り下げようとしていたのに、一瞬たりともそんな考えをするべきではなかったと後悔した。彼らが反省していないのなら、示談に応じる意味がない。

こちらも手を打つべく、弁護士に相談している時のことだった。

12月15日、防衛省はわたしに対する性暴力に関わった隊員たちへの処分を公表した。

わたしに性的な身体接触をしたことで、10月17日に直接謝罪に来たA、B、C、Dの４人に加え、２０２１年８月に演習場の宿泊施設で、男性隊員に対してわたしに首をキメる技をかけるよう指示したＦ１曹を含めた計５人が懲戒免職になった。

２０２１年８月に演習場の宿泊施設で起きた被害について訴えていたにもかかわらず、大隊長への報告や調査を怠った40代のH中隊長（１等陸尉）は、停職６か月になった。中隊長は、日常的にセクハラが横行していた状況を理解していながらもずっと見て見ぬふりをしていた傍観者だった。部下の行動がエスカレートした責任は重大であるはずなのに、中隊長だけが懲戒免職を免れるのは、まるでトカゲのしっぽ切りだ。部下に責任をなすりつけて、自分の立場だけは守ったという卑怯な傍観者に見えた。

ちなみに、演習場で被害に遭ってから、やむを得ず部隊を去るわたしに「一応、嘘ついていることは心の片隅にでも置いておいてね」と言った女性幹部は、事件から数か月後に別の駐屯地に転属していた。後にその彼女自身も何らかの被害に遭い、「五ノ井の気持ちがいまになってわかった」と漏らしていたというのを人づてに聞いた。

また、事件発生当時の大隊長（２等陸佐）は、性暴力に気がつかなかったとして注意にとどまり、連隊長（１等陸佐）は口頭注意になった。さらに、２０２１年６月の野営訓練の帰りに、乗車点検のために巡回してきたE2尉に、わたしが「暑いので上着を脱いでもいいですか」と聞いた時、「全部脱いでいいよ」と答えたことで、E2尉は訓戒処分となった。わたし以外の女性隊員に対するハラスメントを含めると、さらに複数名が処分される可能性があると内部から聞いた。

この処分が下りた時点で、わたしが受けた被害は、公務に起因する性暴力として、公務員の労災にあたる公務災害に認定され、療養補償などが検討されることになった。さらに、「1等陸士」だった時に「依願退職」したとされていたが、「陸士長」に階級を昇任してから退職したという扱いになった。

処分が発表される数時間前から、各メディアにコメントを求められた。わたしは、発表の前日に自衛隊側から、近々処分が下りるという連絡は入っていたが、正式に発表されるまでどの程度の処分なのかを知らされていなかった。

この時ちょうど、民事訴訟を検討しているということを、日本外国特派員協会で記者会見をするために準備していたところだった。海外のメディアがこの事案を知ったらどんな反応をするのか。世界に向けて投げかけようとしていた。そういったタイミングだったので、自衛隊の処分に関するコメントについても、一度よく考えて気持ちを整理してから、4日後の12月19日に開く記者会見で話すことにした。

自衛隊は変われるか

日本外国特派員協会での会見当日、集まった記者は、ほぼ日本のメディアだった。クリスマス目前だったからか、海外メディアはほとんど来ていなかった。一方で、これまで取材し続けてくれている顔なじみの記者たちが駆けつけてくれていて、ちょっとほっとした。

会見では、コメントを求められていた自衛隊の処分について、こう告げた。

「わたしが実名・顔出しをしてメディアに告発して、世間が注目しなければ、組織は懲戒免職という重い処分を下す以前に、事実が隠蔽されたまま、男性隊員たちは平然と別の女性隊員に対して同じ行為を繰り返していたと思います。実際に、わたしの耳に入って来ている情報もあります。わたしが所属していた部隊では、セクハラ行為がまるでコミュニケーションの一部のように感覚が麻痺していたので、今回の処分は真っ当だと思います。ただし、その場で目撃していた複数の男性隊員たちには、処分が何もありません。そこは、少し甘い部分があるのではないか、と思いました。世間が注目したから、重い処分を下したと思われないように、これからは、ハラスメントに対する処分を厳格化することで、ハラスメントを根絶してほしいです」

続けて、本題である近況を説明し、加害者側の代理人から「個人責任を負うべきか疑問が残る」という文書を受けとったと明かした。これに対し、加害行為をどう受け止め、どのように責任をとるのか、代理人を通じて改めて質問を投げている段階であることを説明した。

会見の質疑応答で、ＴＢＳの男性記者からこう聞かれた。

「今回の防衛省の処分で自衛隊は変わると思いますか」

わたしは、まっすぐな気持ちを自衛隊に投げかけるように答えた。

「世の中の人は変わるとか、変わらないとか、表面だけだとか言いますけど、わたしは変わると信じています。そう信じないと、今回、告発した意味がないので。もう誰にもわたしのような被害に遭ってほしくないという思いで告発を選んだので、変わってもらわないと困ります」

会見後、加害者側の代理人に送った質問状の返答は、１か月経っても来なかった。

回答なし、という不誠実な対応を踏まえ、示談ではなく裁判することに決めた。

２０２３年1月30日、加害行為に関与した元隊員5人（A、B、C、D、F）と国を相手取り、損害賠償を求める民事訴訟を横浜地方裁判所に提起した。元隊員たちには、性的暴行により受けた精神的苦痛について連帯して５５０万円を請求し、彼らの使用者であった自衛隊（国）には、迅速な調査や対策を怠った職場環境配慮義務違反があったとして２００万円を賠償請求した。元隊員たちへの請求が認められなかった場合は、国に対して計７５０万円を請求することになった。

同日、日本記者クラブで会見を開き、裁判について説明した。この裁判について、一度も会ったことのない議員が「連帯します」と書いた文字がツイッター上で拡散された。この裁判は、どの党の議員も一切関わっておらず、わたしと弁護士のみで話し合って決めたことだった。一部の政治家と結託しているかのような悪意のある憶測が再び沸き起こった。これが原因で、食べ物を食べようとしても吐き出してしまい、身体が何も受け付けなくなった。外に出ることも、人と会うこともできなくなった。

そんな時のことだった。

3か月前にレズビアンカップルのユーチューバーチャンネル「エルビアンＴＶ」に

出て被害について話したことがあった。収録後、出演者のUさんに気晴らしに新宿2丁目に連れて行ってもらった。はじめて新宿2丁目に行った。そこで、友人の杏さんとトシさんに出会った。その後、3人で食事に行くと、杏さんは、わたしのことをこう呼んだ。

「ごのぴは、ゆるふわ」

心がふわっと軽くなった。メディアの前に出るようになってからは、被害者として真顔で訴えてきたから、自分らしさをすっかり見失ってしまい、自分がどんな人間だったのかもわからなくなっていた。杏さんたちは、緩くてもいい、自然体でいてもいいんだと教えてくれた。

杏さんとトシさんは、会見後の誹謗中傷でふさぎ込んでいたわたしを、自然豊かな山梨県の河口湖に連れ出してくれた。湖の見えるコテージでバーベキューをした。キャラメルポップコーンの素をフライパンに入れて蓋をしめ、パチパチという音が鳴るのを待った。キャラメルの甘い香りが漂ってきた。

杏さんが「においだけはディズニーランドだね」と冗談を言いながら、極寒の外で30分も粘って音が鳴るのを待った。でも、鳴らないから、フライパンの蓋を開けて覗いてみた。中身はすでに丸焦げだった。

「ひゃぁーー！」

久々に笑うことができた。こんなに笑ったのはいつぶりだったろう。

暖をとりにコテージの中に入ろうとしたら、「ドーン」と大きな花火が打ちあがる。冬の澄んだ夜空に花火が輝いていた。

その後、静養のために宮城へ帰郷した。3・11から12年の節目に、津波で児童74人と教職員10人が犠牲になった大川小学校（石巻市）を訪れ、児童の遺族と惨状を物語る校舎を歩いた。あの日、生きたかったはずの、助かったはずの命に祈りをささげた。

本書の打ち合わせのために神奈川へ戻ると、関東はすっかり春の陽気で桜が咲き始めていた。出版社に向かう日の朝、弁護士から電話がかかってきた。

「本日、検察から3人を在宅起訴すると連絡がありました」

すぐに宮城の母にも知らせた。

「諦めなくて、よかったよ」

「うん。長かった……」

「1年前に大きな地震があったでしょ。あんな里奈のすがた、見たことなかったからね。まさか、死のうとしていた直前だったなんて……」

「生きててよかった」

3月17日、福島地裁は元陸上自衛官の3人を強制わいせつ罪で在宅起訴した。福島民報によると、福島地裁の保木本正樹次席検事は、「個別の事件ごとに公益上の必要性や関係者の名誉プライバシーへの影響などを考慮し、慎重に判断しているが、在宅事件についてては被告人の氏名を公表していない」として、3人の実名を公表しなかったと報じた。

また新たなスタートラインに立った。この先、裁判がはじまれば、決着までに時間がかかるかもしれない。どんな結果になるかもわからない。

それでもわたしは、覚悟を決めて闘いを続けることにした。

闘い続ける限り、「性犯罪の被害者」であり続けなければならない。ただし被害者らしくこうあるべき、という枠にあてはめられるのは嫌だ。むしろ、たくましく、堂々と生きて、「被害者は笑うな」というような既成概念を覆していきたい。

被害者だって、内面に強いパワーを秘めているんだから、前を向いて、一歩一歩、歩みを止めることなく進んでいきたい。

エピローグ

わたしは、顔出し・実名で告発してから、「証拠がない」「嘘つき」「自衛隊を汚すな」「ブス」だとかいろんな言葉を浴びせられてきた。それでも、「嘘をついていない」と自分を信じてきた。

心が折れてしまうことは何度もあった。眠れない日も、身体を壊して布団から出られない日も、感情が抑えられなくて誰かに八つ当たりしてしまってひどい自己嫌悪にさいなまれた日も、被害者ひとりで闘う術はないという理由から幾度となく「弁護士を付けろ、弁護士を付けろ」と言われてうんざりする日もあった。

何度打ちのめされても、立ち直ることができていたのは、わたしが強いからではないと思う。「謝罪」という目的を見失わずに闘い続けることができたのは、世論からの声援があったからだった。声をあげてから、署名してくれた約11万人をはじめ、S

NSを介して共感やエールを送ってくれた人たち、近くで親身になって寄り添ってくれた人たち。感謝してもしきれない。応援してくださった方々には、この場を借りて心より感謝申し上げます。

わたしが声をあげた理由は明確だった。理由はふたつ。まずひとつ目は、わたしに対して加害行為をした人が事実を認め、事の重大さを理解し、その加害者から謝罪をもらうこと。そしてふたつ目は再発防止である。いまいる隊員やこれから入隊する新隊員に、わたしのようなつらい思いをしてほしくないからだ。

防衛省は特別防衛監察において、ハラスメント被害の実態調査を2022年9月13日から同年11月末まで実施していた。12月15日に公表された調査結果は、隊員（元隊員含む）からの申告制で1414件の申し出があった。

1414件という数字を見た時、率直に少なすぎるのではという疑問を抱いた。この数字は氷山の一角にすぎない。申告制で、被害の内容を詳しく記入しなければならず、声をあげたくてもあげられなかった人たちがいる。

少なくともわたしのところには告発以降、「バレるのが怖い」とか「上官からの圧力で言い出せない」という声が隊員から多数届いていた。休職中に自殺した隊員のご遺族からも声が寄せられた。男女問わず、埋もれた声はたくさんある。

今回の特別防衛監察は、単に件数を把握しただけでは意味がない。閉ざされた階級社会の自衛隊では、被害者が声をあげても、意識の低い上官が「たいしたことではない」として、まともに取り合わないケースもあれば、相談に乗ったふりはしても、訓練を優先させて対応を先延ばしにするケースもある。

わたしの場合は、被害者であるわたし自身が退職に追い込まれ、加害行為に関与した5人が懲戒免職処分を受けた。ハラスメントを放置していたことでわたしを含めた計6人の隊員が職を失う結果になった。そのことを、組織はもっと重く受け止めてほしい。これだけの隊員を失ったのだから、ハラスメントが起きないような環境を整えることができないのであれば、新隊員を募集するべきではないと思っている。

新隊員を募集する前に、いまいる隊員をもっと大切にしてほしい。被害に遭った隊員が退職に追い込まれることがないように、助けて、守ってほしい。すぐに注意して問題視できる上官を育て、ハラスメント防止に対する意識を高めること。そして、ハラスメントはあってはならないことなのだという認識のもと、厳罰化することで再発防止につなげていってほしい。

精神的に追い詰められて休職・退職した隊員は、復職や次の仕事を探すことが非常に困難な状況になる。心的ケアや就職のあっせんなども含めて、辞めざるを得なくなった隊員のサポートをすることも、自衛隊の責任だと思っている。被害の当事者やその家族が苦渋の判断で告発しなくてもいいように、自浄作用によって適切な対応をする自衛隊に変わってくれることを願っている。

さらに、この1414件のハラスメント申告数を公表した日、防衛省は再発防止に向けて、抜本的な対策を検討する有識者会議を初めて開催していた。有識者会議の出席者は、まるで自衛隊の内情を知らないであろう人たちが名を連ねていた。

「ヤマの訓練」で女性隊員と男性隊員の天幕は隣り合わせにあり、覗こうと思えば簡単に覗ける状態だから、安心して過ごすことができないという状況、しかも男性隊員は、狭い天幕の中で酒を飲んで制御不能になっているなかで、数少ない女性隊員が性のはけ口に扱われている実態など、どうやって把握することができるのだろうか。

現状からして、監視カメラを設置するところまでやらないと、女性隊員が自分で自分の身を守る方法はないような状態だ。どう対策を講じれば安心して任務につけるのか、それを当事者が蚊帳(かや)の外にいるなかで議論できるとは到底思えない。わたしは、これまでに議員会館で防衛省を交えた意見交換の場で、実体験を話すなど、有識者会議に協力できることがあるのならば関わりたいと話してきた。だが、初会合に声をかけられることはなかった。誰ひとりとして、実態を理解している人物がいない「有識者会議」とは、いったい何のために設けられたのか。特別防衛監察は、ただのパフォーマンスにすぎないのかもしれない。そう思われないように意義のあるものにしてほしい。

わたしは、自衛隊のことを憎んでいるわけではない。東日本大震災で被災し、津波で大切なものが流され、たくさんのものを失った。東松島の避難所で悲しみに暮れている時に自衛隊が災害支援に駆け付けてくれた。まだ余震などの二次被害が懸念されていたころで、被災者は不安にさらされ、絶望の淵にいた。

そんな時、北海道から派遣されてきた女性自衛官が、まだ小学生だったわたしに優しく声をかけて励ましてくれた。被災者たちのために汗を流して必死に働いていた姿を、いまでもはっきりと覚えている。救ってもらった自衛隊を、恨むことなどできない。しかし、わたしに起きた悲劇は二度と起きてはならない。それだけは阻止したい。国民を救う存在である前に、まずは身内を守れる実力組織であってほしい。だからこそ、自衛隊には、変わってほしいという思いが強い。

告発してから、SNSのダイレクトメールに自衛隊員からの被害相談はもちろん、一般社会において被害に遭った方からもたくさんの相談がきた。内容を見るたびに心が痛んだ。でも、わたしは、その人たちに簡単に「お気持ちがわかります」とは言えなかった。本当の苦しみは、自分にしかわからない。他人にはわかってもらえないし、心の傷は目に見えない。そのことをわかっているからこそ、安易に言葉を返せないでいた。

役に立たないかもしれないけれど、わたしの体験が、被害に遭われた人が前に進む手がかりとなってくれたらうれしい。そして、自衛隊のみならず、一般社会においても、被害者が守られるような世の中になっていってほしい。その思いから、記録として書き留めることにした。被害の場面は、いまでもフラッシュバックしてつらくなる時がある。同じような被害に遭った人にもフラッシュバックを起こしてほしくはないので、読み飛ばせるよう注意書きをつけている。

わたしは実名・顔出しで声をあげたけれど、これが正解だとは思っていない。世の中、声をあげられない人がほとんどだし、声をあげたことによる代償はとても大きい。告発したことは後悔していないけれど、あれだけ加害者を絶対に許さないという闘志を燃やしていたわたしでも、声をあげたことによって失ったものや、苦しんだこともたくさんある。社会に注目されたとしても、もう自分の思い描いていた平穏な人生は戻ってこないから、この先をどう生きていけばいいのかわからなくなって、自分で自分の首を絞めてしまったと思う時さえあった。本当は、声をあげなくてもいい世の中になってほしい。

わたしは、性犯罪の被害者としてではなく、ありのままの自分で生きていきたい。本来の自分は、よく笑い、よくふざけ、いろいろな面白そうなことに挑戦して人を笑わせることがとにかく好きだ。自然体で生きている姿を見せていくことで、また次に同じような被害に遭った人が、声をあげてもいいんだと、そして、自分らしく生きてもいいんだと思えるような風を作っていきたいと思っている。

最後の最後に、わたしに強く生きる道を歩ませてくれて、ありがとう。おっかあ。

取材を終えて

岩下明日香

２０２３年、正月あけの週末。神奈川県横浜市の青葉台駅から、厚木街道の高架をくぐり抜けた先に小見川道場はある。近くまで行けば、子どもたちの声が漏れ聞こえてくる。道場の入口にある階段には、柔道の稽古を終えたばかりの幼稚園生の女の子が、白い柔道衣姿で手すりによじ登ってしがみついていた。

「こんにちは！」。覇気のあるあいさつ。いかにもおてんばそうだが、礼儀正しい。道場に入る前から背筋を正された。

そこに、青い柔道衣を身にまとった五ノ井里奈が顔を出した。

「こんにちは。どうぞ、中へ」

道場の玄関から、一歩足を踏み入れると、黄色と緑色の明るい柔道畳が一面に敷かれていた。幼稚園児の部の時間から、小学生の部に切り替わったところだった。小学生の部は、低学年から高学年の約20人の児童がいる、体格差がとても大きいクラスだった。体格のいい男児が、入ってきたばかりの自分の小さな妹に身振り手振りで動き方を教え、「大丈夫だよ」「頑張って」と声をかけ、何度もほどけた帯を締め直してあげながら稽古に励んでいた。五ノ井にとって、道場は特別な場所だ。

「中傷がひどくて、心を病みましたけど、道場の子どもたちと稽古するのが唯一の楽しみで、心の支えになっていました。どんなにつらい時でも、道場に行くと子どもたちや、保護者の方々、小見川先生が温かく迎えてくれるんです」

五ノ井は、小さい子どもたちに代わるがわる襟元をつかまれ、何度も投げられていた。そのたびに、受け身で腕を「ダダン」と畳に打ち付ける音が鳴り響いた。小さな子たちに「大きい相手でも投げられるんだ」という自信をつけてあげているようだった。

道場の隅で見学している筆者のもとに小見川道場の小見川道大代表が来て、「五ノ井は投げられるのがうまい」と頷いた。

「柔道が他の格闘技と違うところは、攻撃よりも、まずは守りができないと勝てないというところなんだ。投げられてばかりでは面白くないかもしれないけれど、自分を守るための受け身を覚えなければ、柔道では強くなれない」

そういって小見川代表は、子どもの稽古に戻り、こう叫んだ。

「自分がやりやすい人とばかり組むな。ほらそこ、お前たちは別の人と組むんだ。やりやすい人とばかり組んでいても強くはなれんぞ！」

小学生の部が終わり、一般の大人の部に切り替わると、五ノ井の目つきは変わった。技をかけ合う乱取りをする時の五ノ井は、相手の動き、息づかいまでとらえるような鋭利な目つきになった。五ノ井が相手の隙をつき、寝技に持ち込み、相手の肢体を絞めて押さえ込むと、相手は顔を真っ赤にしてジタバタともがきだした。とうとう五ノ井の絞め技を振りほどくことができなくて、「参った」と手で畳を叩いた。互いに息を切らし、勝つか負けるかの真剣勝負だ。

「柔道衣を着ている時だけは何も怖くありません。本気で柔道に打ち込んでいる時だけは、事件のことも忘れられるんです」

柔道衣を着ていない時は、普通の23歳の女性だ。中学3年生の時に片耳がわいて（腫れて）餃子のような形（耳介血腫）になり、高校1年生で両耳がわいた。五ノ井は耳をこちらに向けて言う。

「これ、最初の固まっていない状態の時は柔らかいんです。血が固まったら痛くはないんですけど、固まるまではマジで痛いです」

はじめて五ノ井と対面したのは、ユーチューブで自衛隊内で受けた性暴力を告白する映像が配信されてから6日後のことだった。当時、筆者はウェブメディアの業務委託記者をしていた。記事にできるか、できないかを約束できぬまま、福島県の郡山駅で待ち合わせをした。五ノ井は、キャップを目深（まぶか）にかぶり、サングラス姿で、新幹線の改札口に現れた。郡山駐屯地から6キロほど離れたところにある郡山駅には、日ごろから隊員が駅周辺をうろついているため、周囲を警戒していたのだ。五ノ井の配属先が郡山駐屯地だったことを知ったのは、そのあとのことだった。

被害の内容からしてカフェで聞くのは憚（はばか）られたので、駅前にある赤い看板のカラオケ店に入った。新型コロナ禍を機に、テレワーク用にボックスを貸し出していた。防音により静かかと思ったら、昼間から熱唱しているサラリーマンの声が漏れ聞こえ、図らずも騒音がする空間でデリケートな話を聞くことになってしまった。それでも、五ノ井の話に耳を傾けていると、はっとさせられるようなひと言があった。

「ただ技をキメて、押し倒しただけで笑いが起きるわけがないじゃないですか」

被害を受けた当事者にしか見えない視点。当初、目撃証言はなし、物証もなし、唯一の証拠は被害者の証言のみという状況だった。それでも、被害者の証言のなかに、その証言を裏打ちするような、かすかだが確かな描写が浮かび上がった。

この視点を起点に、他にも根拠となりうる点を探るように、五ノ井の声に耳をそばだてた。こうして書いた記事をきっかけに、五ノ井との付き合いははじまった。

告発から約1か月後、五ノ井がたくさんの誹謗中傷を浴び、体調を崩しがちになっていた、もっともつらい時期のことだった。

「岩下さんに渡したいものがあります」「いや、間に合わなかったのでまた今度渡します」というメッセージを受け取った。準備するほどのものと言えばなんだろうか。

そう淡い期待を抱いて受け取ったのが長い手紙だった。一字一字、力のこもった直筆でこう書かれていた。

「わたしが万が一、亡くなった時にでも書いて下さい」

目の前にある消え入りそうな小さな灯を、消してはならないと心に決めた瞬間だった。つらい被害を打ち明けてくれたことに、そして本書を残すために尽力してくれたことに感謝している。

本書は、五ノ井が闘うと決めてから集め出した、自衛のための録音記録を含め、メールなどの履歴やメモをもとに筆者がインタビューし、事実関係を構築していった。

被害を受けた描写は、特別防衛監察が実施された際に受けた聞き取りによって作成された「申立書」と訴状をもとに書いた。今後の民事裁判のなかで、原告と被告たちの証言によって事実関係が争われる可能性はあるが、五ノ井は「すべての事実を明らかにしたい」と望んでいる。

名もなき女性だった五ノ井里奈が声をあげた勇敢な姿は、これから先、さまざまな視点から論じられ、よりよい社会に向くために語り継がれていく事例になっていくのではないだろうか。

自衛隊における女性の存在について少し触れておきたい。

日本では、１９５４年の自衛隊発足以来、女性は看護職域だけだったのが、１９６７年から補給、人事、総務、会計、通信などで女性の採用が拡大された。１９６８年に「婦人自衛官制度」（ＷＡＣ）を発足させ、女性の活用を積極的に進め、１９７２年の男女雇用機会均等法施行も追い風となり、自衛隊内の女性の職域は広がっていく。２００３年に「婦人自衛官」は「女性自衛官」へと名称が変更された。

陸上自衛隊の女性自衛官は、自分たちのことを「ＷＡＣ（ワック）」と現在も呼んでいる。これは、日本の自衛隊が女性活躍を図る政策において、アメリカの陸軍女性部隊（WAC=Women's Army Corps）をモデルにしてきたことが由来とされる。A=Army（軍）とあるように女性自衛官は、女性兵士である。海自の女性自衛官はWAVE（ウェーブ）（Women Accepted for Volunteer Emergency Service）、空自の女性自衛官はWAF（ワッフ）（Women in the Air Force）と呼ぶ。

海外の女性兵士や日本の自衛隊の女性隊員について研究している社会学者の佐藤文香氏が、著書『女性兵士という難問――ジェンダーから問う戦争・軍隊の社会学』（慶應義塾大学出版会）で自衛隊に女性の活躍が求められるようになった理由を端的に記している箇所がある。

二〇二二年二月末に突如起こったロシアのウクライナ侵攻でも、国を守ろうと立ちあがる女性兵士の姿が耳目を集めた。ウクライナ軍には全体の一五・六％を占める約三万人の女性がいると言われるが、平和・安全保障分野におけるジェンダー主流化は、もはや国際的に不可逆的な潮流としてある。日本でも二〇一五年に「女性・平和・安全保障に関する行動計画」が策定され、女性自衛官のいっそうの登用が謳われた。防衛省は二〇一七年に女性自衛官活躍推進イニシアティブを発表するなど、少子化による募集難をも背景として、女性自衛官のさらなる増員と役割拡大が進んでいる。

令和４年（２０２２年）版の『防衛白書』によると、２０２２年３月時点で、女性自衛官は約１万９０００人おり、全体の約８・３％にあたる。２０１２年は約５・４％で、10年前よりも女性自衛官の数は増加している。さらに、採用については、２０２１年以降は採用者に占める女性の割合を17％以上とし、２０３０年までに全自衛官に占める女性の割合を12％以上とする方針が記されている。

　女性自衛官の職域については、母性保護やプライバシー保護などの観点から開放されていなかった職域があったものの、２０１５年に航空自衛隊が戦闘機や偵察機パイロットを女性に開放。海上自衛隊は、２０１６年にミサイル艇や掃海艦への乗務を開放。２０１８年には防衛省がすべての自衛官の性別配置制限を撤廃すると、２０２０年に潜水艦の乗組員が誕生した。そして、陸上自衛隊は、２０１７年に偵察隊や普通科中隊など「歩兵」に相当する部隊と戦車中隊を女性に開放していた。五ノ井が２０２０

年に配属された郡山駐屯地の野戦特科では、２０１８年から女性隊員を配置するようになっていた。つまり、女性に職域が開放されてから間もない時期だった。

　アメリカでは、１９９０年代から軍隊内での性暴力が発覚するようになり、国防省が２００５年に性暴力防止・対策局（ＤｏＤ ＳＡＰＲＯ＝Department of Defense Sexual Assault Prevention and Response Office）を設置している。同局では、被害報告を促し、被害者の救済と犯罪防止の監督を行い、年次報告書をまとめている。

　２０２１年度（２０２２年９月議会提出）の報告書では、現役女性兵の８・４％、現役男性兵の１・５％が望まない性的接触を受けたと報告されていた。性的暴行の報告件数は８８６６件で、前年の７８１６件よりも１０５０件（13％）増加していた。８８６６件のうち７２６０件が現役兵士からの報告であった。

　軍事犯罪調査機関による独立した調査と被害者の意思を踏まえて、同局は２６８３件に懲戒処分を実施。そのうち１２６３件の懲戒処分は、起訴するための証拠が不十分だったことから追及されなかった。このような大きな件数が上がってはいるものの、性的暴行の程度を過小評価され、多くの事例が報告されなかったと記している。

　被害者が報告しない理由として、「忘れて前に進みたい」「人に知られたくない」「トラブルに巻き込まれるのを恐れている」『トラブルメーカー』というレッテルを貼られると考えているから」などが挙げられていた。日本でも、独立した調査と監督責任のある機関を設置するなど、具体的な再発防止策が求められるであろう。

本書に携わるようになって間もなく、ちょっとした偶然を見つけた。五ノ井に1枚のデジタル写真を見てもらったときだった。東日本大震災で被災した時のことを思い出す手がかりになればと思い、筆者が宮城県で撮影した写真だ。瓦礫の平原を写し出しただけで、それがどこなのかはわからないような写真だった。この写真を見せたら、「2011年4月11日　東松島」とデジタル記録が残っているのに気が付いた。

あれ？　互いに顔を見合わせた。震災直後、当時学生だった筆者は、宮城県の避難所を回り、物資や支援のニーズを聞き取るボランティア調査員をやっていた。この時に七ヶ浜、石巻、多賀城などを回っていたが、東松島には行っていないと思い込んでいた。名前の似た松島は被害が大きくて足を踏み入れることができない時期だった。そのせいか、筆者のなかで東松島と松島を混同し、東松島にも行っていないと記憶してしまったのだ。各避難所をしらみつぶしに回っていたから、もしかしたら小学生だった五ノ井少女とすれ違っていたかもしれない。

そこからまさか、11年後の2022年にこうして巡り合うとは、思いもよらなかった。全くの偶然ではあるが、あの惨状を乗り越えた子どもが、時を経て、ここまでたくましい人になっていたことには、人間の尊さを覚えずにはいられなかった。

五ノ井は、時おり「耳鳴りがひどい」と漏らし、沈黙することがある。「キーン」と耳の奥で鳴っている音がうるさくて眠れないことがあるという。訓練による後遺症なのか、性暴力による後遺症なのか、被害を明かしてから「嘘をついているのではないか」などと否定的反応を受けた二次被害（セカンド・レイプ）が影響しているのかは、わからない。時間の経過とともに回復してくることはあるかもしれないが、五ノ井が「心の傷は一生」というように、公務中に被った身体的・精神的な後遺症は、記憶と神経に深く刻まれている。その傷口を開き、痛みを他人に見せることは、当事者にとっては苦痛なはずである。だからこそ、その傷から目を背けたり、ただの傍観者でいたりするのではなく、当事者が負った傷に向き合い、次の被害者を出さないためにはどうしたらいいのか、ひとりひとりが考えられるような優しさを持ってくれたらと願っている。

資料　自衛隊内におけるハラスメントの経験に関するアンケート・最終報告

呼びかけ：五ノ井里奈　実施・分析協力：Change.org

調査実施概要 インターネットを通じて告発して以降、数多くの被害相談が五ノ井のTwitterアカウントのDMに寄せられた。Change.orgが提案したアンケート調査は、個人情報の保護を条件に、五ノ井の同意のもと、インターネットで行った。実施にあたっては、厚生労働省の「職場のハラスメントに関する実態調査」を参照し、アンケート内容およびGoogle FormをChange.orgスタッフが作成し、五ノ井がSNSを通して広く呼びかけた。

回答期間 2022年7月21日（木）10:30～8月30日（火）0:00

総回答数 188件

（元）自衛隊員が自衛隊内で受けたハラスメント経験に関する回答数 146件

※重複した回答や非自衛隊員が自衛隊員から受けたハラスメント、
自衛隊の職場以外で受けたハラスメントなどは除外。

年齢

年齢	人数
10代	1名
20代	58名
30代	46名
40代	29名
50代	10名
60代	2名

年齢

性別	人数
女性	82名
男性	58名
無回答	6名

ハラスメントを受けた当時の所属

所属	人数
陸上自衛隊	101名
海上自衛隊	15名
航空自衛隊	17名
陸上及び海上	1名
防衛大学校	3名
防衛省事務官	2名
防衛局	1名
明らかにできない	6名

詳しい調査内容や分析は、
左記QRコードからご覧になれます。

自衛隊内におけるハラスメントの経験に関するアンケート
（年齢／性別／所属） 個人情報保護などのため一部編集

女性編

男性隊員の前でわざと腕立て伏せをさせ、シャツの胸元をはだけさせるようにしむける。女性隊員のレントゲン写真をみんなでまわして眺める（乳房の形、乳首などくっきりみえている）。飲み会で体を触ったり、男性隊員の局部に服の上からキスを強要。（40代／女性／陸上自衛隊）

私は7年前に退職しました。パワハラは、2016年頃です。同じ職場の夫と結婚する際、職場からは陸曹に昇任したばかりだから結婚はダメ、結婚の日も決められました。その後、妊娠すると職場からは早すぎるとして、営外に出してもくれませんでした。妊娠後つわりが酷くドクターストップがかかりました。その時に私は当直勤務についてたのですが、勤務の交代は職場の同じ夫が負担となり勤務させられました。（20代／女性／陸上自衛隊）

宴会の場で、先輩隊員に野球拳に参加しろと言われました。最初は負けても脱がなくて良いと言われ、参加を断ると「しらけるわ、お前のせいで」と言われ空気が悪くなった為、脱がなくて良いならと参加しました。しかし、いざ負けると、「野球拳のルール知らんのか」と服を脱がされ、拒否すると平手で頬を叩かれました。（30代／女性／陸上自衛隊）

1等陸士の頃、同じ部隊の同期と交際をはじめたら、一期上や一部の上官に週末どこでなにをしたか、性行為をしたのかなどニヤつきながら聞かれることが定期的にありました。上官に相談したら、私に言わなくなっただけで交際相手には聞いたり、話題にしたりで懲りていないようでした。（20代／女性／陸上自衛隊）

勤務中、外来受付窓口の控え室にて。年上の男性隊員が隣の椅子に座ってきて、休憩中の私の太ももを触ってきた。「こういう事をされたらちゃんと拒否しなくちゃだよ」と言われた。気持ち悪かった。（略）女性の更衣室は物置。トイレは男性と共有。少しずつ女性自衛官が働きやすくなる動きはあるようだが、まだまだ男社会が強い。（20代／女性／航空自衛隊）

日常的に「ガリガリ！」「貧乳」「お前の裸は想像付くけど□（女性後輩）の裸は想像できないから興味がある」「最近いつヤッた？」「昨日ヤッたのか？（当

時同じ小隊の先輩と付き合っていたため)」「こいつのチンコでけえから試してみろよ」「ここで着替えていいよ」などの発言を主に2人の先輩にされた。周囲は「それセクハラですよ!」「訴えられたら負けますよ」と注意してくれたが、笑っており真剣には捉えていなかった。(20代/女性/航空自衛隊)

4年前の配属当時から退職に追い込まれるまで、別室に連れて行かれパワハラを受けていました。マタハラを受けたのは妊娠がわかってから。事務所内で大声で「なぜ避妊しなかったのか、なぜ今なのか」と執拗に言い続けられました。どちらも同性からのハラスメントでした。(20代/女性/陸上自衛隊)

□駐屯地で警衛時、下番時、お昼休憩に営内班長の□3曹や連隊本部の□3曹に一方的な指導及び、人格否定、暴言をはかれその指導に耐えられなくなった末、過呼吸で倒れました。そして、親は小隊長から電話がかかってきて、「行き過ぎた指導ではない、精神的に弱い、娘さんが悪い」、といわれたそうです。私は陸曹候補生に合格し、陸曹で頑張っていこうとしたにもかかわらず、そういうことがこれからも続くと思い、辞退させて頂きました。(20代/女性/陸上自衛隊)

新隊員のころ、遠征があり他中隊の40代くらいの幹部と一緒になることがあった。仕事で必要になるため、LINEを交換したが、「オナニーするの?彼氏いるの?処女?」といった内容のメールが頻繁にきていた。気持ち悪かったが、気まずくなるとおもい流していた。その後も何年たってもそのようなLINEがきていた。(20代/女性/陸上自衛隊)

胸が大きいので、入隊懇談会劇の際にわざとジャンプばかりする演技を同期にさせられた。遠洋航海の際に船のなかで乗員からストーカーされた。(20代/女性/海上自衛隊)

パワハラは少し上の士長の先輩だったり、3曹の先輩だったり、本当に日常でした。セクハラも本当に日常茶飯事。一番嫌だったのは全隊員が揃ってる前で、男性の少し先輩の隊員に「お前、絶対処女だろ」と大きい声で聞かれ、答えを言うまで詰め寄られたことです。(20代/女性/海上自衛隊)

PKOの参加希望について先輩と話した時、「お前みたい(背が低くて力が無い)のは性処理要員にしか使えないから無理(笑)」と言われ、フォローの

つもりか「PKOに連れていくのは間違いが無いようにブスしか連れていけない(笑)」などと言われた事もある。(40代/女性/陸上自衛隊)

山での訓練の最中のセクハラは触られる事はなかったです。ですがお酒を取りに行ってこいと言われ(席を外すと)、机の上に置いていた私のスマホで男性の陰部の写真を撮っていました。私は知らなくて、スマホの写真を見た時に初めて知りました。最悪でした。上司達は、部下を脱がせて裸踊りをさせていました。裸踊りをしている動画は今でも保存しています。消したいですが、いつかこういう時に力になれるかもしれないと思って、残しておきました。(20代/女性/陸上自衛隊)

当方は大臣直轄部隊の幹部ですが、2021年8月から現在にいたるまで直属の部下からセクハラを受け、その後モラハラに発展し、部隊長をはじめとした上司に相談したものの、ハラスメントの事実を隠蔽されました。その上、幹部だから我慢しろという発言や何故か一連の事案の責任を全て押し付けられたり、人事幹部によって他部隊へ風評被害をばらまかれるというパワハラまで発展しました。現在、陸幕のハラスメントホットラインに連絡しておりますが進展はありません。(30代/女性/陸上自衛隊)

(略)ここからは自衛隊内部の制度の問題点の話になります。原則3年程度で転勤になると聞いていましたが、私がセクハラを受けた女性先輩Aは、別の部署の勤務期間を短く挟んで、元の勤務部署(私の勤務していた艦艇)に戻ってきたそうです。同じ勤務部署での合計勤務年数は6年超と聞いていました。このことから転勤制度が実質機能しておらず、この先輩のように転勤による解放も望めない、自分が転勤するしかないのかという結論に至り、思い詰める一因になりました。(30代/女性/海上自衛隊)

防大の指導官に、任官不安を相談した際に「自衛隊は男ばっかりだから、よりどりみどりだぞ。沢山やっていい男見つけて、子供産めばいいぞ。女は使えないけどチヤホヤされるからとりあえず任官してみろ」と言われた。(20代/女性/防衛大学校)

部隊配属後の宴会で先輩が全裸になる姿を見たくなく場を離れると、「みんな通ってきた道なのだから我慢しろ」と呼び出しを受け説教されました。(30代/女性/陸上自衛隊)

13年前。□県□駐屯地で小隊長や先輩達から喫煙所でない事務室で喫煙され続けました。私が妊娠中と知りながら平然と喫煙され、中隊の先任に妊娠報告した時(結婚半年後)は喫煙所に呼ばれ喫煙しながら長時間指導され「旦那を呼んで土下座して謝れ」と意味不明な事を言われました。(30代/女性/陸上自衛隊)

□方面衛生隊の後期教育の時の班長と一対一で面談した時に服用してる薬等を聞かれ、生理痛が酷いため低用量ピルを服用してることを伝えたら、「ピル飲んでるからってやりまくるなよ(笑)」とか「やってもいいけど妊娠するなよ(笑)」とか終始ふざけている雰囲気でピルを飲んでることについて色々言われた。また、彼氏のことについてしつこく聞かれ、面談という範疇を超えていたと思う。(20代/女性/陸上自衛隊)

入隊後はじめて配属された部隊はとにかく「飲んだら脱ぐ(全裸)」という行為が頻繁にあった。先輩WACは座っているとき自分の頭上に男性隊員の陰部を直接のせられ「ちょんまげ!」とおふざけに利用されていたが、WACが怒っても上司らは笑っているだけで終わりだった。その光景を見た時「自衛隊って最低な公務員なんだ」と悟った。(略)万が一のためにボイレコなどでいつでも録音できるようにして勤務していないと、事案も簡単に部内でもみ消されてしまう。(30代/女性/陸上自衛隊)

当時、私は1等陸士でした。2020年某日夜、演習場で「明日の訓練も早いのでテントに戻ります」と切り出したら、男性主任の隊員から「ハグしてから解散しようと」と言われ、「本当にハグだけですか?」と聞いたところ、「本当だよ。俺は奥さんも子供もいるし。俺は主任だよ」と言われました。天幕に戻りたい一心でハグをしてしまいました。ハグではとどまらず、すごい力で強く押し倒され、強制性交されました。4日後、女性用天幕で寝ていたら、その男性隊員が泥酔状態で侵入してきました。これを受け、警務隊に通報して聴取を受けましたが、駐屯地に帰隊してから男性隊員が部隊内でその内容をもらし、私が中隊内で冷たい目やきつい態度を受けることになりました。約1か月後に依願退職し、しばらくしてから隠蔽とも読み取れる「嘆願書」が送られてきましたが、自衛官OBから指摘されて印鑑を押しませんでした。後に男性隊員は、懲戒免職処分になりました。(20代/女性/陸上自衛隊)

男性編

□旅団内の本部管理中隊所属でした。私は男性ですが隊内浴場で同性愛者の男性に身体の関係を持ち掛けられました。他にも浴場で身体を洗っている時、同じ小隊の男性自衛官（今は除隊、当時3曹）に陰部を身体に押し付けられました。その時は嫌とは言えず笑って誤魔化しましたが、今考えるとあり得ないことだし自衛隊はチームワークが大切なので、こんなことあってはならないです。私が辞めることを決意した原因でもあります。（20代／男性／陸上自衛隊）

下着が盗まれたり、朝起きたら衣服が乱されたりした。体液が残されていた事もあります。同期が上官から日常的に暴力を受けているのも幾度か見ています。（40代／男性／陸上自衛隊）

□県にある□連隊第□中隊の□小隊で受けました。在籍していたのは7年ほど前になります。主にハラスメントを行ってきたのは□2曹と□3曹で、両名とも男性です。□2曹からのパワハラですが、私がやるべき仕事をしなかったことが起因となり執拗に目をつけられました。指導であれば仕方ありませんが当人が非常に気性が荒く、陸曹を複数人引き連れて殺すぞと恫喝されました。□3曹からのパワハラですが非常に陰湿で人が見ていないような場で後ろから突き飛ばされたり、私が失敗した作業を馬鹿にするように小隊内でつるしあげられました。（30代／男性／陸上自衛隊）

夫婦そろって海士だったため、妻が妊娠しても隊舎を出ることができませんでした。妻はつわりなどもひどく、隊舎のタイムスケジュールで動くことができないため、休むもしくは隊舎を出ることはできないか相談したところ、基本的に隊舎を海士が出ることはできないとのことでした。そのため私たちはお腹の子供のこともあるので辞めることを決意しましたが、そこから辞めることができるまで、上官から「常識がない」だの、「辞めて外の世界で食べていけると思うなよ」と言われたり、また個室でよく怒鳴られたりもしました。自衛隊相談ダイヤルに連絡したところ「基地内の話は上官に言ってくれ」と言われました。また「辞めるのだからもういいだろう」とも言われました。もう10年以上前になります。（30代／男性／海上自衛隊）

□の後期教育隊で、清掃の時間に、班長へ清掃終了の確認をお願いしたところ、「指摘事項が見つかったら、1枚ずつ服を脱げ。脱ぐ服がなくなったら下の毛を班員に抜かせる」と言われ、指摘事項が服の枚数を超えたため上

記が実行された。（20代／男性／陸上自衛隊）

幹部に休日にいきなり天幕張るから来いと言われたが、妻が病院の緊急外来へ行っていて、まだ6ヶ月の子供を見なくてはいけないのに、電話越しに恫喝、人格否定された。「お前は選んで仕事している、もうお前には仕事を与えない」等言われた。しかし、月曜日に出勤すると、大半の人がなんらかの用事で来ていなかったことが判明し、なぜ自分だけなのかと思った。（30代／男性／陸上自衛隊）

自分は令和2年3月から令和4年3月までの2年間、任期制隊員として□で勤務していました。所属はとある戦闘部隊の本管の通信小隊（班）で、女性隊員が10名近く所属していましたが、残念なことに彼女達へのセクハラが絶えず発生していました。ある時、女性隊員たちだけで整備などの作業をしている時、ある男性陸曹1名（3曹）からセクハラを受けているという話になり、次々と「こないだ2人でいる時に胸揉まれた」「お尻のとこに手入れられた」「どんな下着着けてるのかしつこく聞かれた」「今度の週末ホテル行こうって誘われた」などと暴露大会になり、思わず眩暈がしました。その後、同期の女性隊員2名に「こないだの件、中隊長に報告しよう」と提案しましたが、「前に□士長（先輩の女性隊員）が相談しに行ったら聞き取り調査やセクハラの捜査が入ってWAC全員大変なことになったから、気遣いはありがたいけどやめて」と言われてしまい、結局何もできませんでした。先輩の男性隊員や小隊陸曹などの上官にも相談したのですが、「あいつはそういう奴だから」などと諦め状態で、結局何も変わりませんでした。（20代／男性／陸上自衛隊）

任期制自衛官として2年目の1月頃の稼業時間外に隊舎の一室にいきなり来るように言われた。行くと陸曹で階級は3曹だが発言力のある人と陸士で一番発言力のある人が居座っており尋問が始まった。「おまえは自衛官の中で今どれくらいの位置にいると思う？」「お前みたいなやつは辞めてくれた方がいい」「今ここで辞めるか続けるか決めろ」などと個人的な選別を受けた。こんな幼稚なやり方をする人間のいる所から1日でも早く去りたいと思ったので辞める事に決めた。（30代／男性／陸上自衛隊）

アンケートに寄せられたその他コメント　一部抜粋

私は5年間、自衛隊にいて身体的な接触を伴うセクハラには幸いなことにほぼ遭遇しなかったので、五ノ井さんの体験を読んで本当にショックを受けました。着隊時、基地の最寄り駅まで女性先輩が車で迎えに来てくれて、その道中で開口一番に「うちセクハラとか多いけど大丈夫?」と笑顔で訊かれました。18歳で何も分からなかったので、曖昧に笑って誤魔化しました。

たしかにセクハラ発言の多い職場でしたが2人いた女性先輩はどちらも明るくパワフルで、どんな発言も行動も笑いながら受け流していました。それって嫌じゃないのかな、と思いつつも、たしかに職場は和気あいあいとした雰囲気にはなっていたので、そういうものかと……。私もそれを見習って、わりとセクハラを冗談と受け止めて流し、笑いにすることで場を盛り上げて男性隊員から気に入られるよう努めたタイプでした。実際いろいろな人から気に入られ、職場の人間関係は最後まで良好だったと思います。整備作業中は、みんな真面目に仕事するし、整備技術も高かったので尊敬していました。最終的には、実害があるわけでもないし、このままヘラヘラ笑って職場を盛り上げてやるかというくらいに考えたりもしました。ですが、他小隊の女性後輩がセクハラ告発した際、年の近い男性先輩から「あいつ上に言いやがって、めちゃ指導された。冗談も通じねえのかよ、マジでヒステリーだわ」というような愚痴を聞かされました。あの子は何も間違ったことはしていない。私や女性先輩が笑って済ませるから、この人たちはこんなふうになってしまったと、ハッとしました。自分がいつのまにか女性先輩たちと同じ立ち位置を取っていることに気が付き、ショックでした。「セクハラしてもいい環境」作りに加担していた自分と、女性後輩への同じようなセクハラも注意できなくなってしまっていた自分が嫌で、こんな先輩がいたら後

輩たちに悪影響だなと感じて結局退職という道を選びました。退職理由にセクハラは一切入れず、単に別の夢を目指すということで押し通しました。嫌がるそぶりをそれまで見せていなかったため、今さら言うのかよ……、と思われるのが怖かったからです。

退職当時、仲の良い女性後輩をあの環境に置き去りにしてしまったことを後悔していましたが、その後輩も2年後くらいに退職しました。今はあの職場がどうなっているのか分かりませんが、正直なところあまり期待していません。五ノ井さんのこと、本当に応援しているのと同時に、ごめんなさいという気持ちもあります。たぶん私みたいな先輩たちがセクハラ環境を少しずつ醸成してきたのだと思うからです。こんなことのために自衛隊に入ったわけじゃないと何度も思いました。同時に、私はみんなとうまくやれているのだから辞めることないじゃないとも思っていました。でも、今はやっぱり、辞めてよかったと思います。職場のみんなのことを尊敬して、大好きなのに、セクハラの時だけは本当に無理で、その相反する気持ちを仕事中、常に持ち続けるのがしんどかったからです。結果的に円満退職だったので今でも連絡を取る人もいるし、心が穏やかになりました。五ノ井さんの心が休まる時がなるべく早く来るように祈っています。本当に厳しい戦いだと思いますし、今でも誹謗中傷や疑う声をTwitterで見かけると悔しいし悲しいです。

私は顔を出して実名をあげる勇気はないですが、五ノ井さんを信じ、陰ながら全面的に応援しています。この先の自衛隊にとって絶対に意味のある行動だと思います。あんまり無理しないでください。正しいと信じることを貫く人が報われる世界であってほしいです。私の受けたセクハラはあんまり大したことなく、何もお手伝いできないのが心苦しいですが、本当に応援しています。（20代／女性）

五ノ井里奈（ごのい・りな）
元自衛官。1999年宮城県生まれ。幼少期に柔道をはじめ、中高生の時は全国大会に出場。2011年の東日本大震災で被災する。災害支援に来た女性自衛官に憧れて、2020年に陸上自衛隊に入隊するも、2022年６月に退官。現在は、女性や子どもたちに柔道を指導している。

構成　岩下明日香（いわした・あすか）
ノンフィクション作家。1989年山梨県生まれ。『カンボジア孤児院ビジネス』で第４回「潮アジア・太平洋ノンフィクション賞」を受賞。

声をあげて

2023年5月15日　初版第一刷発行

著者　五ノ井里奈

発行者　石川和男
発行所　株式会社小学館
〒101-8001　東京都千代田区一ツ橋2-3-1
編集 03-3230-5959　販売 03-5281-3555
印刷所　萩原印刷株式会社
製本所　株式会社若林製本工場

ISBN978-4-09-389104-2